创新创业
与工程实践

康亮 毕烨 于敬涛 ◎ 编著

清华大学出版社

北京

内 容 简 介

本书旨在填补创新思维方法与工程实践相结合领域的空白,紧密围绕创新创业与工程实践两大核心主题,系统地介绍相关理论知识与实践技能。

本书共6章:第1章构建创新思维体系,解析新质生产力与创新创业的关系,系统地阐述了发散等创新思维方式,激发学生创新灵感。第2章聚焦工程实践启蒙,强调工程伦理与社会责任,结合车削、铣削、钳工等基础技能与实际项目,实现理论向实践转化。第3章夯实电气安全与电子技术基础,涵盖安全规范、焊接技术及实训项目。第4章探索人工智能领域,梳理AI发展脉络与AIGC应用场景,通过实训项目培养AI技术能力。第5章塑造创客素养,依托3D打印等项目提升数字化制造实践能力。第6章以大学生创新创业教育为例,探讨科学素养与工程创新素质教育的融合,培养学生的综合素质和创新创业意识。

无论是机械工程、电子信息、计算机科学等工科专业,以及其他人文社科类专业学生,都能从本书中汲取丰富的知识和实践经验,开启创新与实践的精彩旅程。

图书在版编目(CIP)数据

创新创业与工程实践 / 康亮,毕烨,于敬涛编著. -- 北京 :清华大学出版社,2025.7.
ISBN 978-7-302-69586-8

Ⅰ. G647.38

中国国家版本馆CIP数据核字第2025GL4091号

责任编辑:贾 斌
封面设计:刘 键
责任校对:刘惠林
责任印制:杨 艳

出版发行:清华大学出版社
    网　　　址:https://www.tup.com.cn,https://www.wqxuetang.com
    地　　　址:北京清华大学学研大厦A座   邮　　编:100084
    社 总 机:010-83470000   邮　　购:010-62786544
    投稿与读者服务:010-62776969,c-service@tup.tsinghua.edu.cn
    质量反馈:010-62772015,zhiliang@tup.tsinghua.edu.cn
    课件下载:https://www.tup.com.cn,010-83470236
印 装 者:小森印刷(天津)有限公司
经　　销:全国新华书店
开　　本:185mm×260mm 印　张:10   字　　数:243千字
版　　次:2025年8月第1版   印　　次:2025年8月第1次印刷
印　　数:1～1500
定　　价:39.00元

产品编号:108811-01

前　言

在当今快速变化的科技与经济环境中,创新已成为推动社会进步和经济发展的关键力量。然而,当前高校教育在培养学生的创新思维和实践能力方面仍面临诸多挑战。一方面,学生往往缺乏将理论知识应用于实际问题的机会;另一方面,现有的教材往往侧重理论知识的传授,而忽视了实践能力和创新思维的培养。

本书具有以下特色:一是通过项目制驱动,以培养学生创新创业意识为目标,激发学生的学习兴趣和主动性;二是内容涵盖广泛,从新质生产力与创新思维,到工程实践、电气安全、人工智能及创客培养等多个领域,为学生提供了全面的知识体系;三是强调实践操作,通过实践项目和案例分析,让学生在动手实践中提升创新思维和工程实践能力;四是注重综合素质培养,不仅关注专业知识和能力的提升,还致力于培养学生的团队协作、质量意识、市场意识、安全意识等多方面素质,使其更好地适应未来社会的需求。

本书旨在通过创新理论与工程实践,为学生提供一个既注重理论又强调实践的学习平台。我们希望通过这本书,能够引导学生掌握创新的基本原则和方法,激发学生的创新思维,并通过实践活动锻炼学生解决问题的能力。

在本书的编写过程中,我们充分考虑了大学生的学习特点和需求,力求做到内容全面、结构清晰、案例丰富。同时,我们也注重本书的实用性和可操作性,以便学生能够更好地将所学知识应用于实际问题中。

本书适合各专业学生作为课堂教材或自学用书,也适用于职场人士进行自我提升。本书针对不同年龄的读者进行了内容的优化,既适合系统教学,又支持灵活学习。

希望通过本书的学习,大家可以增强自己的工程实践能力、思维能力和创新能力,为将来职业生涯的规划和个人综合素质的提升打下坚实的基础。我们也期待这本书能够为高校的创新教育和工程实践教学提供有益的参考和借鉴。

本书得到了作者单位上海第二工业大学的大力支持!

特别感谢上海第二工业大学教务处、校团委、工程训练与创新教育中心等部门的大力支持,其他未能提及的部门一并表示衷心的感谢。

限于作者水平,书中如有不足之处,诚挚期盼诸位专家、学者以及使用本书的师生们指正。

作　者

2025 年 3 月

目 录

第 1 章

新质生产力、创新思维方法

1.1 新质生产力与创新创业的介绍

1. 新质生产力概念

新质生产力是一个涉及现代科学技术进步及其在经济生产中的应用的概念。它主要代表了与传统生产力形态不同的新生产力形态,其核心在于新技术、新材料、新能源、新信息等方面的创新和应用。这一概念反映了当今时代科技迅速发展对生产力的深远影响,以及由此带来的经济和社会结构的深刻变革。

新质生产力作为先进生产力的具体体现形式,是马克思主义生产力理论的中国创新和实践,是科技创新交叉融合突破所产生的根本性成果。新质生产力是马克思主义生产力理论的创新和发展,凝聚了党领导推动经济社会发展的深邃理论洞见和丰富实践经验,中华优秀传统文化是新质生产力发展的重要支撑。

新质生产力是通过技术进步、知识创新、信息应用和管理变革等多种手段,超越传统生产力的限制,显著提升生产效率和效益的一种现代生产力形态。它强调非物质要素在生产力中的核心作用。

2. 核心要素

1) 技术进步

技术进步包括新技术的研发与应用,如人工智能、大数据、物联网、区块链等。这些技术能够提升生产自动化程度、优化资源配置和提高产品质量。

2) 知识创新

知识经济时代,知识成为生产力的重要来源。通过研发活动、知识共享和员工培训,企业能够不断创新,保持竞争优势。

3) 信息应用

信息技术的广泛应用使得信息流通更加高效,企业能够更快地获取和处理市场信息,做出更精准的决策。

4) 管理变革

现代管理理念和方法,如精益生产、敏捷开发、供应链管理等,能够提高企业的运营效率和灵活性。

3．特征

1）高效性

新质生产力通过技术和管理的优化,显著提高了生产过程的效率。

2）创新性

强调创新在提升生产力中的关键作用,不断通过技术和知识的更新来推动生产力发展。

3）灵活性

新质生产力使得企业能够更迅速地响应市场变化和需求,保持竞争力。

4）综合性

新质生产力是多种要素综合作用的结果,技术、知识、信息和管理相互融合,共同推动生产力提升。

4．重要性

1）推动经济发展

新质生产力的提升能够带动整个经济的增长,促进产业升级和结构优化。

2）提升企业竞争力

企业通过新质生产力的提升,能够在激烈的市场竞争中保持优势。

3）可持续发展

新质生产力强调高效和创新,有助于资源的优化配置和可持续利用。

4）增强社会福祉

通过提升生产效率和创新能力,新质生产力能够带来更多优质的产品和服务,改善人们的生活质量。

5．案例

制造业中的智能制造:利用工业互联网和人工智能技术,实现生产过程的全面自动化和智能化,大幅提高生产效率和产品质量。

信息技术行业的云计算和大数据应用:通过云计算和大数据分析,企业能够更高效地处理信息和数据,提高决策准确性和业务运营效率。

《南方都市报》的报道:广州以汽车产业为基础,发力低空经济领域,重点布局 eVTOL(电动垂直起降飞行器)、无人机物流和低空观光等场景,并成立百亿产业基金支持相关技术研发。例如,无人驾驶航空器已在指定区域内完成商业载人首飞。

广州市第十六届人民代表大会常务委员会第三十三次会议于 2024 年 11 月 29 日通过的《广州市智能网联汽车创新发展条例》,将为自动驾驶产业创新发展提供法制保障,推动车联网和自动驾驶立法,构建智慧交通生态。

1.2　新质生产力与创新创业的关系

创新创业指个人或组织在现有资源和技术的基础上,通过创意和创新行为,创建新的产品、服务、市场或商业模式的过程。新质生产力强调创新驱动,通过创业活动将创新成果转换为实际的经济和社会价值。新质生产力与创新创业之间的关系是相互依存、相辅相成的。新质生产力通过创新的方式提升了生产和服务的效率与效果,而创新创业则是实现这一目标的重要驱动力。

1. 创新创业推动新质生产力的发展

新质生产力和创业（Entrepreneurship）之间有着密切的关系，新质生产力代表了现代生产力发展的新方向，通过技术进步、知识创新、信息应用和管理变革，显著提升了生产效率和效益。它不仅对企业的竞争力提升至关重要，而且对整个经济和社会的发展具有深远的影响。

新质生产力与创新创业之间的关系可以从多个维度进行深入解析。新质生产力指的是通过采用新的技术、方法或理念而显著提升的生产力，它在现代经济中扮演着核心角色。创新创业，即通过新颖的产品、服务或商业模式的创造和实施，促进经济活动和社会进步的行为，是新质生产力发展的直接推动力。

2. 新质生产力与创新创业相互促进的关系

1）创新驱动生产力提升

新质生产力的提升依赖创新，而创新往往在创业的环境中得到最快的实现。创业企业因其规模灵活、决策迅速的特点，能够快速响应市场变化，采纳并实施新技术。例如，互联网初创企业通过开发新的算法和数据处理技术，能够提供更为精准的广告定位服务，这不仅提升了广告的转化率，也改变了营销行业的运作方式，是一个典型的通过技术创新提升新质生产力的案例。

2）生产力提升带动创业发展

随着生产力的提升，新的商业机会和市场需求被创造出来。这为创业者提供了更多的机会，推动更多的创新活动，形成一个良性循环。例如，在可再生能源领域，新开的创业公司通过开发更高效的太阳能面板和风力发电技术，推动了整个能源产业的转型升级，这些技术的应用直接提高了能源的生产效率和环境的可持续性。

新质生产力与创新创业之间的关系是通过不断的技术和管理创新，实现生产力的质的飞跃，推动社会和经济的持续发展。在这一过程中，创新创业不仅是技术应用的试验场，更是生产力革新的主要推动者。通过这种相互作用，企业能够更好地适应社会的快速变化环境。

1.3　创新的基本概念

1.3.1　创新的定义

创新是一个历史悠久且内涵广泛的概念。在 15 世纪，"创新"一词就已出现，最初的含义是引入新事物或新概念。广义上，创新可以理解为推陈出新，即通过摒弃旧事物，创造出新事物。这种过程不仅涉及对现有事物的改进和优化，更包括了全新的理念、方法和技术的发明和应用。创新既是对旧事物的突破，也是对新事物的探索，推动着社会、技术和文化的持续发展。

在更广泛的语境中，创新不仅局限于科学技术领域，还涵盖了前所未有的重大科学发现、技术发明和原理性主导技术等成果。原始性创新被认为是最根本的创新，体现在基础研究和高技术研究领域中的独特发现或发明，这种创新最能体现智慧，是推动人类文明进步的重要贡献。

此外,创新还被视为推动一个国家、一个民族,乃至整个人类社会向前发展的重要力量。在历史文献中,"创新"一词频繁出现,与其意义相近的词汇如"日新""革故鼎新"等,早在先秦时期的文献中便已有记载,反映了古代中国人较强的创新意识,并将"创新"视为治国理政的重要理念。

英语中 innovation(创新)一词起源于拉丁语单词 innovare,意为"更新"或"改变"。最初,创新的概念主要指社会制度方面的变革、改革或对现有系统的改变,而不是科学或技术上的进步。早期的用法反映了当时对社会和制度变革的关注,而非我们今天理解的包括科学和技术突破在内的广泛创新。

如今,创新一词的原意延展出三层含义。

(1)更新:对已有事物进行替换或改进,使其焕然一新。

(2)创造新事物:发明或引入从未存在过的新事物、新观念或新方法。

(3)改变:在原有基础上进行发展和改造,使其适应新的需求或环境。

在当今全球化和数字化的时代背景下,创新已成为推动人类社会各领域进步与发展的核心动力。创新不仅局限于技术领域,还广泛存在于经济、政治、文化等方面。通过跨行业、跨文化、跨领域、跨时空的视角,创新能够将新构想和新成果转换为实际应用,从而创造更高的效益和价值。

跨行业的创新强调不同行业之间的合作与互动,推动新技术、新商业模式在不同产业中的应用。这种创新方式能够促进资源的优化配置,提升产业的整体竞争力。

在跨文化的层面上,不同文化之间的交流与融合为创新提供了丰富的思想资源和独特的视角。文化的多样性和相互影响往往能激发出新的灵感和创造力,从而推动社会的进步与发展。

跨领域的创新强调不同学科、不同领域之间的交叉与融合。通过整合不同领域的知识和技术,创新能够带来颠覆性的新产品、新服务和新模式。这种跨领域的合作有助于打破传统的行业壁垒,促进经济和社会的多元化发展。

跨时空的创新则关注历史与未来的交汇,通过借鉴历史经验和展望未来趋势,创新能够在新的时代背景下实现可持续的发展。回顾历史可以汲取智慧,前瞻未来可以把握机遇,两者的结合能够为当今社会带来深远的影响。

如图 1-1 所示的创新诠释图,创新作为国家竞争力的重要体现和企业持续成长的关键驱动力,在跨行业、跨文化、跨领域、跨时空的多维度背景下,展现出更广阔的前景和更深远的意义。

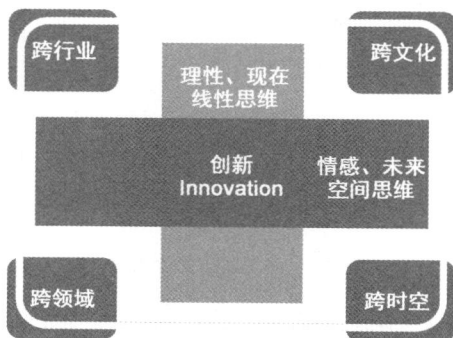

图 1-1　创新诠释图

1.3.2　创新的主要特征

创新具有三个重要特征：创造性（又称新颖性、先进性）、高价值性和风险性。

1. 创造性

创新的核心在于"新"。创新性的思维和实践通常具有显著的开拓性和首创性。无论是在技术、产品还是商业模式上，创新都体现出突破常规的能力，往往通过全新的方式解决问题或满足需求。

2. 高价值性

创新往往能够引发深远的变革，一旦成功，它将带来巨大的价值回报。在当前的全球市场中，成功的创新不仅能为企业创造经济效益，还能提升品牌价值，增强竞争力，并推动整个行业的进步。

3. 风险性

作为一种突破性的活动，创新本质上伴随着不确定性和风险。尤其是在高科技领域，创新需要投入大量的人力、物力和时间。然而，创新的结果具有双面性：它可能带来巨大的成功，也可能因失败而对企业或行业造成重大打击。因此，风险管理在创新过程中至关重要，决策者需要在推进创新时做好相应的准备和应对策略。在当今快速变化的世界中，创新是驱动发展的关键力量，但同时也需要在追求创造性和价值的过程中谨慎应对其固有的风险。

1.3.3　创新的作用与重要性

1. 创新的作用

1）个人

对个人来说，创新能激发潜能。创新是人类的天性，是大脑的本能与功能。例如，孩子们生来好奇，对世界充满探索欲望，这种好奇心正是创新的初始动力。然而，随着时间的推移，许多人因为惯性思维和环境影响，逐渐失去了这种创新能力。激发个人潜能，培养创新思维，能帮助人们突破思维定式，发现新的可能性，实现自我价值。

2）企业

对企业而言，创新是企业的生命线。在激烈的市场竞争中，唯有不断创新的企业才能保持优势。中国有句古话："不谋全局者，不足谋一域；不谋万事者，不足谋一时。"这句话形象地说明了企业创新的重要性。企业若缺乏创新，将会被市场淘汰。创新如同新鲜的血液，为企业注入活力，是其持续发展的关键动力。

3）国家

对国家而言，创新是国家繁荣昌盛的不竭动力。在当今全球化的世界中，科技创新能力已成为衡量国家实力的关键指标。拥有强大科技创新能力的国家，不仅能在全球产业链中占据高端位置，还能催生新兴产业，推动经济持续增长。此外，掌握自主知识产权的国家能够引领全球发展方向。科技创新能力是国家竞争力的核心，是推动国家经济和社会进步的引擎。因此，提高科技创新能力对于国家的长远发展至关重要。

2. 创新的重要性

在当今世界，科技创新能力已成为衡量国家实力的指标。在经济全球化的时代，一个国家若具备强大的科技创新能力,不仅能够在全球产业链中占据高端位置,还能通过创造新产业来激活国家经济,拥有重要的自主知识产权,从而引领社会的发展方向。因此,科技创新能力不仅是当今社会活力的标志,更是国家发展的关键。

创新是一个民族的灵魂,是社会发展的不竭动力。科学的本质就是创新,是否具备创新能力,能否进行有效的创新,已经成为全球经济和科技竞争的决定性因素。历史上的重大科学发现和技术突破,无一不是创新的成果。

1.3.4 创新的内容

创新的内容涵盖以下几方面:理论创新、制度创新、科技创新、文化创新及其他形式的创新。

1. 理论创新

理论创新指在人们的社会实践活动中,针对新出现的情况和问题,进行新的理性分析和解答,对研究对象或实践对象的本质、规律以及发展趋势进行新的揭示和预见。同时,也包括对历史经验和现实经验的理性升华。简言之,理论创新包括对现有理论体系或框架的突破、对现有理论和方法的修正与发展,以及对理论禁区和未知领域的探索。

2. 制度创新

制度创新指在现有生产和生活环境条件下,通过设计新的、更能有效激励人们积极行为的制度和规范体系,以实现社会的持续发展与变革。制度创新的核心在于创建能适应新时代需求的规则和结构,以推动社会进步。

3. 科技创新

科技创新涉及创造和应用新知识、新技术、新工艺,以及采用新的生产方式和管理模式。这一过程包括开发新产品、提升产品质量、提供新服务,并通过技术创新推动社会生产力的提高。根据钱学森的复杂巨系统理论,科技创新可以分为知识创新、技术创新以及现代科技引领的管理创新。从微观角度来看,科技创新能够帮助企业占据市场并实现市场价值,提升企业乃至区域的竞争力;从宏观角度来看,科技创新能够推动整体技术发展,促进社会生产力的提升,减少环境污染,满足社会需求,解决社会问题。

4. 文化创新

文化创新是文化发展的核心。在文化的传播与交流过程中,通过继承与发展实现文化的创新。文化创新不仅是社会实践发展的必然要求,也是文化自身发展的内在动力。通过文化创新,文化得以在新形势下不断演进,保持其生命力和影响力。

1.3.5 创新现状

在 2023 年全球创新指数(Global Innovation Index)报告中,我国在各个维度均有不俗表现。根据排名,我国在全球 132 个经济体中位列第 12。我国在创新输出方面表现突出,特别是在专利申请和科学出版物等领域,我国的创新输出得分位列全球第 8。

此外,2023 年我国在全球科学技术创新集群方面的表现尤为亮眼。我国在全球排名前100 的科技创新集群中占据了 24 个位置,首次超越美国,成为拥有最多领先集群的国家。北京、上海-苏州、深圳-香港-广州等城市群在全球创新集群中名列前茅,进一步彰显了我国在科技领域的全球竞争力。

我国在多个高科技领域取得了突破性进展。例如,我国的 5G 技术处于全球领先地位,华为等企业已经成为全球 5G 网络设备的主要供应商。我国还在航天领域取得了巨大成就,成功发射了"天宫"空间站,并在月球探测和火星探测方面取得了重要成果。此外,我国在量子通信、超级计算和生物医药等领域也走在世界前列。

尽管如此,我国的创新体系仍面临一些挑战,特别是在创新密度(即专利和科学出版物相对于人口的比例)方面,北京是唯一进入全球前 25 名的中国城市,其余城市的创新密度仍有提升空间。

总体来看,我国在全球创新中的地位稳步上升,尤其是在科技集群的数量和创新输出方面显示出强大的竞争力,这为中国进一步推动科技创新提供了坚实的基础。

回顾 2012 年全球创新指数报告中,基于创新能力和成果对 141 个国家和地区进行的排名,中国在整体创新排名中位列第 34 位,位居"金砖"国家之首,展现出强劲的创新潜力。此外,中国在创新效率指数上表现尤为突出,当年居全球首位,这表明当年的中国在创新投入转化为成果方面具有极高的效率。

尽管我国在创新方面取得了显著进展,但仍然存在一些不足之处,这些问题在一定程度上限制了我国进一步提升全球竞争力的潜力。以下是当前我国在创新方面面临的主要挑战:

1. 基础研究相对薄弱

虽然我国在应用研究和技术开发方面取得了显著成就,但基础研究仍是短板。基础研究是科技创新的源头,但在这方面,我国的投入和成果产出与发达国家相比仍有差距。缺乏强有力的基础研究支撑,可能会限制我国在未来创新领域的突破能力。

2. 发展新质生产力需要更多创新型人才

尽管我国在培养和吸引创新人才方面取得了一定进展,但高水平、国际化的创新型人才仍然相对不足。特别是在前沿科技和基础研究领域,顶尖人才的缺乏制约了我国在全球科技竞争中的地位。如何进一步吸引全球顶尖人才并提升国内教育体系的创新能力,是亟须解决的问题。

3. 知识产权保护有待加强

尽管中国在加强知识产权保护方面取得了进展,但与发达国家相比,仍存在一些不足。这包括法律执行力度不够、侵权行为难以有效遏制等问题。知识产权保护不足可能会影响创新者的积极性,进而阻碍科技成果的进一步发展和转化。

世界上第一台 VCD 机是安徽万燕公司发明的,可以说"万燕"开创了中国的 VCD 机行业。然而对人们来说,知名度更高的还是索尼、三星、飞利浦等外国品牌。万燕公司没有申请发明专利,最终在市场上销声匿迹。与之形成鲜明对比的是,我国的 DVD 厂商因为缺乏核心技术专利,每年不得不向国外厂商支付高达 30 亿元的专利费。这种情况也体现在飞利浦的剃须刀上,由于专利保护的强力支撑,这款产品在我国市场的售价高达上千元,单个剃须刀的利润甚至超过几台国产彩电的利润。

4. 创新生态系统的区域发展不平衡

我国的创新活动主要集中在北京、上海、深圳等一线城市,而其他地区的创新能力和资源相对较少,区域间的创新发展不平衡不利于实现全面的创新驱动发展战略。

1.4 创新思维方式

1.4.1 创新思维的主要障碍——思维定式

思维定式,又称为思维惯性,指过去的思维习惯对当前思维的影响。这是一个心理学概念,描述了人们在进行某项心理活动时形成的一种心理准备状态,即长期积累的知识、经验、观念和方法在大脑中沉淀下来,构成了固定的思维方式。随着时间的推移,这种固定的思维模式逐渐形成,导致人们在思维过程中对问题的认识、分析和解决方式趋于固化,难以改变,从而形成了定式。

1. 思维定式的作用

1)正面作用

思维定式可以帮助人们在面对相似问题时更加熟练和迅速地解决问题。由于有既定的思维模式,人们能够利用过往的经验快速做出判断和决策,从而提高效率。

2)负面作用

在创新活动中,思维定式往往成为创新思维的主要障碍。固定的思维模式可能限制人们对新思路、新方法的接受和应用,使他们难以跳出已有框架进行创造性思考。

2. 几种典型的思维定式形式

1)权威定式

权威定式指在思维过程中,盲目迷信权威,缺乏独立思考能力。人们往往屈从于教育或专业权威,而不敢或不能独立发表见解。

2)书本定式

书本定式指对书本知识的夸大和绝对化,把书本上的内容视为不容置疑的真理,忽视了实际情况中的变通和创新。

3)从众定式

从众定式指缺乏主见,盲目顺从多数人的意见,表现为屈服于群众压力,随波逐流的思维方式。

4)经验定式

经验定式指对过去经验的过度依赖和夸大,认为过去的方法和结论在所有情况下都是适用的,忽视了新环境下可能需要的新思路和新方法。

思维定式在一定程度上能够帮助人们快速应对熟悉的问题,但在面对需要创新和突破的场景时,往往成为阻碍。因此,意识到并打破思维定式是实现创新的重要步骤。

1.4.2 形象思维

形象思维指人们通过对客观事物的外在特征和具体形象进行感知和反映的思维方式。这种思维方式包括想象思维和联想思维。例如,在设计一台机器时,脑海中会浮现出机器的形状、颜色等外部特征,甚至可以想象出组成这台机器所需要的零件数量、形状及装配过程。这些都属于形象思维的范畴。

形象思维的特点包括形象性、直观性和灵活性。它基于人们对直观形象和既有经验的理解,不受制于固定的程序、规则或逻辑推理,可以灵活且跳跃式地抓住事物的本质。

1. 想象思维

想象思维是形象思维的一种基本形式和方法,指人脑通过形象化的概括作用,对脑中已有的表象进行加工或重组的思维方式。这是一种特殊的心理现象和非逻辑思维。

创新想象是一种重要的想象思维形式,它是根据特定的任务和目标,对已有表象进行加工,创造出全新的形象的过程。例如,哥白尼在天文仪器极度落后的情况下提出"日心说",卢瑟福建立原子模型,魏格纳提出大陆漂移学说,这些都是通过创新想象所获得的重大科学成果。

幻想则是创新想象的特殊形式,是一种面向未来的特殊想象。幻想的显著特点是它脱离现实的约束,可以在不受现实干扰的理想状态下自由驰骋,从而产生多样的创新思想和方案。

1894 年,康斯坦丁·齐奥尔科夫斯基(如图 1-2 所示)大胆地幻想了未来的宇宙航行。他设想制造带有翅膀和操纵装置的火箭式飞机,进一步发展为在大气层外滑翔并安全降落的飞行器;他还设想了建立大气层外的活动站(即人造卫星),以及在小行星带和太阳系其他不大的天体上建立移民区的可能性;甚至预见到当太阳熄火时,太阳系的居民会转移到另一个"太阳"中生活。

这些设想在当时听起来仿佛天方夜谭,但实际上,齐奥尔科夫斯基提出这些设想时,莱特兄弟的"飞行者一号"(1903 年 12 月首飞)尚未问世。因此这些设想在当时听起来更像是对未来航空航天事业的幻想。然而,事实证明,他的构想远领先于时代,预示了后来航空航天发展的方向。随着时间的推移,齐奥尔科夫斯基的许多设想

图 1-2　康斯坦丁·齐奥尔科夫斯基

已经通过实用火箭、喷气式飞机、人造卫星、阿波罗登月计划、航天轨道站和航天飞机等科技进步得以实现。因此,有人认为,幻想是创造活动的源头。丰富的幻想不仅能够激发创造发明的灵感,而且是所有发明家共有的特质。

2. 联想思维

联想思维指在某种诱因的作用下,人们将一种事物的形象与另一种事物的形象联系起来的思维方式。作为形象思维的一种基本形式,联想思维的特点是能够在两个不相关的事物之间通过连续的联系快速形成联想链。这种思维方式可以在不同的事物之间架起桥梁,激发新的想法和见解。

想象思维与联想思维之间存在紧密的互动关系:想象思维可以在联想中展开,而联想的结果又可以引发新的想象。因此,想象与联想相互启发、互为起点,共同推动思维的创新和发展。

1) 想象与联想的互相启发

力学第一定律的发现便是这种相互启发的一个经典例子。亚里士多德曾主张,当外力停止作用时,运动的物体将停止运动,即物体的运动必须依赖外力。这种观点在当时被奉为"真理"。

意大利物理学家伽利略是第一个公开质疑亚里士多德这一观点的科学家。他观察到,一个小球从第一个斜面滚下来,再滚上第二个斜面时,其最终达到的高度与起初滚下时的高度几乎相同。他发现摩擦力越小,这个高度差距就越小。这一观察使伽利略联想到了一个

假设:在没有摩擦力的情况下,小球无论在第二个斜面上如何运动,总会达到与在第一个斜面上相同的高度。

这种联想进一步使伽利略提出了惯性定律,即在没有外力作用的情况下,物体会保持匀速直线运动或静止状态。这一发现不仅颠覆了亚里士多德的观点,也为经典力学奠定了基础,展示了联想与想象的巨大创新潜力。

伽利略的思维进一步延伸:他设想如果第二个斜面变成无限延伸的水平面,那么小球从第一个斜面上滚下来后,将沿着这个水平面永远保持运动。通过这种巧妙的推理,伽利略得出了一个全新的结论:一个运动的物体在不受任何外力作用时,将保持原有的运动状态,即维持匀速直线运动。这个结论打破了亚里士多德被世人信奉了两千多年的观点。

后来,英国物理学家牛顿进一步总结并完善了伽利略的结论,提出了著名的牛顿第一运动定律,如图 1-3 所示。伽利略所设想的"没有摩擦力"以及"无限延伸的水平面"等都是理想化的情况,在现实生活中实际上是不存在的。然而,正是通过这种超越性的想象,人们得以探索和理解现实世界中难以观察到的现象和规律。这种方法显示了想象力在科学思考中的关键作用,使人们能够突破现实的局限,深入思考那些在客观世界中无法直接感知的事物。

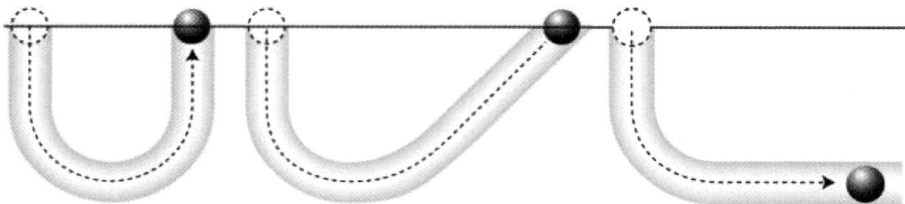

图 1-3　牛顿第一运动定律示意图

2)联想思维的基本类型

(1)接近联想。

联想指从某一思维对象出发,联系到与某种接近关系的其他对象。这种接近关系可能表现为时间和空间上的相邻,也可能是功能和用途上的相似,或是结构和形态上的关联。

例如,一位发明家在理发时,看到理发推子的动作,突然联想到自己正在思考的收割机结构方案,最终成功开发出一种利用理发推子动作原理的新型收割机。这种联想不仅展示了灵感来源的多样性,也凸显了联想思维在创新发明中的关键作用。一种割草机结构图如图 1-4 所示。

(2)相似联想。

相似联想是从某一思维对象到与它有某些相似特征的其他思维对象的联想。

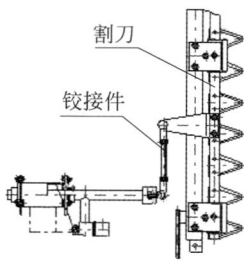

图 1-4　一种割草机结构图

例如,瓦特发明蒸汽机的过程运用的就是典型的相似联想。他观察到水壶里的水沸腾时水壶盖被水蒸气冲开,以此为开端结合需要解决的问题进行联想:水蒸气冲开水壶盖→蒸汽具有推动力→与水壶相似的动力机(蒸汽机)。瓦特蒸汽机示意图、模型图如图 1-5、图 1-6 所示。

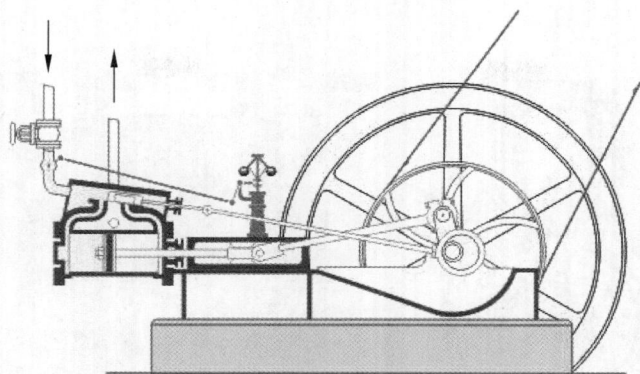

图 1-5 瓦特蒸汽机示意图

图 1-6 瓦特蒸汽机模型图

（3）对比联想。

对比联想是通过事物之间的对立或差异引发的联想。例如，从质量优等产品联想到质量劣等产品，从柔软的石墨联想到坚硬的金刚石，或者从自然科学联想到社会科学。在工业技术应用中，对比联想也经常被利用。

例如，在电动机和发电机之间的联想中，由于电流产生磁场的电磁效应，人们联想到利用磁场产生电流的磁电效应，从而推动了发电技术的发展。

图 1-7 所示的旋转式真空泵中，偏心转子按照一定方向旋转时，一端吸入空气，实现真空泵的吸气功能。如果利用对比联想，将机器改为利用另一端排出空气的功能，这个真空泵就可以转变为旋转式压缩机。这种设计正是空气进出之间的对比联想应用。如果进一步对比其能量的进出关系，考虑不让转子主动运转，而是将气流作为动力源从吸气或排气口吹入，那么就可以使转子获得机械回转动能。这种对比联想的应用充分展示了联想思维在工业技术中的广泛应用和创新潜力。

（4）因果联想。

因果联想是通过事物之间的因果关系引发的联想。这种联想可以是双向的，既可以从"因"联想到"果"，也可以从"果"联想到"因"。在发明创造中，由"果"找"因"的联想被广泛运

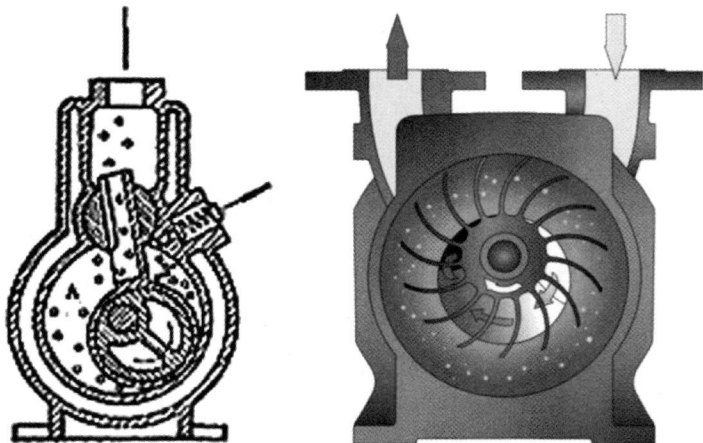

图 1-7　旋转式真空泵示意图

用,通过找到合适的"因",能够实现更理想的"果"。

　　例如,当产品质量不高时("果"),可能是由于机床操作人员的技术不熟练,操作人员的技术就是"因"。如果将控制机床的任务交给计算机(更合适的"因"),那么产品的质量就会大大提高(更理想的"果")。这种因果联想在改进技术、提高产品质量和创新发明中起到了重要作用。

1.4.3　发散思维

　　发散思维,又称为辐射思维、扩散思维、多向思维或求异思维,是人在思维过程中,思路从一个点向四面八方扩展,产生多种答案的一种立体多向的思维形式。

　　这种思维方式能够突破人脑中的固有逻辑框架,将一个事物联想到许多其他事物,从而构建出更大的思维空间,获得众多具有新意的答案。发散思维的特点在于从给定的信息中生成大量信息输出,能从一种事物联想到多种可能性,甚至与之不同的事物。这种思维模式往往会引导思路的转移和跳跃,最终获得独特而新颖的思维成果。

　　例如,当一个人看到墙壁上的一个小黑点时,可能会联想到一粒掉在餐桌上的芝麻;看到空中盘旋的直升机,可能会想到白纸上的一个疵点;看到漂浮在杯子中的一片茶叶,可能会联想到航行在海洋中的一艘巨轮……无论是在文学上作家对同一景象的不同描写,还是在技术上工程师对同一原理的不同应用,抑或是课堂上教师对同一问题的不同解释,都是对同一事物进行不同思考的结果。

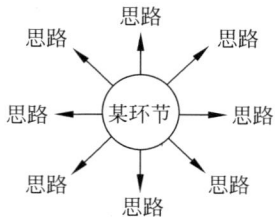

图 1-8　发散思维示意图

　　创新思维的关键就在于如何进行发散。有观点认为,科学家的创造能力与他们的发散思维能力成正比,甚至可以用"创造能力＝知识量×发散思维能力"这一公式来表示。发散思维示意图如图 1-8 所示。

1.4.4　横向思维

　　横向思维,也称为侧向思维或旁通思维,是一种不按传统思维逻辑推理,而是通过转换思维视角另辟蹊径的思维方法。它与纵向思维形成鲜明对比。

1. 横向思维与纵向思维的区别

1）纵向思维

纵向思维是一种从单一概念出发，并沿着这个概念一直推进，直到找到最佳方案或方法的思维方式。然而，这种思维方式的缺点在于，如果起点的概念选错了，就可能无法找到最佳方案。纵向思维类似在一个方向上不断深入挖掘，试图通过深入探讨一个特定路径来找到答案。

2）横向思维

横向思维是一种可以产生新想法的思维方式。它并不要求每一步都正确，而是鼓励人们打破旧有的思维模式和习惯，寻找新的、更好的解决问题的途径。横向思维强调的是视角的转换和路径的改变。

爱德华·德波诺在其专著《六顶思考帽》中提出，使用黄色思考帽，就是寻找事物的优点及光明面，使用黑色思考帽，是从事物的缺点、隐患视角看问题。假设在挖一口井时，如果最初选择的位置不合适，即使挖得再深，也不一定能出水。这时，纵向思维的典型反应是继续挖，认为只要坚持，总会出水；而横向思维则会果断放弃，另选位置挖井，从而提高成功的概率。

2. 横向思维与纵向思维的总结

纵向思维是常用于科学活动和日常生活中的传统思维方式，通常是最有效的方式，但前提是起点正确；而横向思维则是用来打破常规，产生创新想法的方法，尤其在面对新问题或复杂问题时更有效。

横向思维使人们摆脱传统思维的束缚，探索新的思维路径，而纵向思维则通过深入探讨已有路径来寻求解决方案。两者在不同的情境下各有所长，理解并应用横向思维可以大大增强解决问题和创新的能力。

1.4.5 逆向思维

逆向思维，也称为反向思维，是一种通过转换思维视角，采用与通常思考问题方向相反的方式来解决问题的思维方法。世界上的事物通常都有正、反两方面，逆向思维就是从另一个角度认识和处理事物，这种方法常常能够打破常规，产生意想不到的效果。

长期的思维习惯往往使人们只关注事物的一方面，使得思维过程和结果变得单一、缺乏创新。逆向思维通过利用事物的另一面，能够帮助人们跳出传统思维的限制，找到新的解决方案。

例如，在军事策略中，如果正面攻击敌人难以取得成功，可以尝试从背后发起偷袭，这种出其不意的策略有时能取得奇效。在生活中，小孩掉进水里，常规方法是把人从水中救出，历史上司马光的故事则是打破缸，让水流出，从而成功解救了困在水中的孩子。这些都是逆向思维的典型应用。

对于最早的温度计是谁发明的是有争论的，有人说是荷兰的著名机械师德里贝尔；还有人说是伦敦的医生弗拉德。但大多数的专家认为发明温度计的是天文学家伽利略。有一天，伽利略在讲授热胀冷缩的实验课时，注意到水温升高水的体积会膨胀，于是他逆向思考，既然温度变化会引起体积变化，是否可以通过体积的变化来测量温度？由此，伽利略发明了温度计。1632 年,法国物理学家雷伊改进了伽利略的空气温度计。他将伽利略的装置倒转过来,将水注入玻璃泡内,而将空气留在玻璃管中,仍然用玻璃管内水柱的高低来表示温度的高低。由于这项改进使水成了测温物质,实际上这成了第一只液体温度计。

通过这些例子可以看出,逆向思维能够帮助人们跳出固有的思维模式,找到更加有效的解决方案。这种思维方式在科学发现、技术创新以及日常生活中都具有重要的应用价值。

1.4.6　收敛思维

收敛思维,又称聚敛思维、集中思维或求同思维,是一种旨在寻找某个正确答案的思维方式。与发散思维相反,收敛思维在解决问题时,尽可能利用已有的知识和经验,将多种思路和信息集中于研究对象,通过比较、组合和论证,最终得出在现存条件下的最佳解决方案。收敛思维示意图如图 1-9 所示。

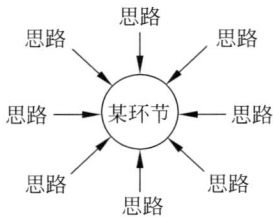

图 1-9　收敛思维示意图

发散思维是一种求异思维,它广泛收集各种创新设想和方案,尽管其中多数可能是不成熟的,但为收敛思维提供了丰富的素材。收敛思维则是求同思维,它对这些创新设想和方案进行整理、全面考查,最终精心加工成最优的创新成果。

发散思维的关键在于开放性,鼓励多样化的想法和可能性,而收敛思维的关键在于优化,追求最佳和最实用的解决方案。两者相辅相成,发散思维提供广泛的选择和创意,收敛思维则通过精炼和筛选,将最好的想法转换为实际应用的成果。两者的对立统一推动了创新和问题解决的过程。

1.4.7　逻辑思维

逻辑思维又称为抽象思维,通常指形式逻辑思维。这种思维方式以抽象的概念、判断和推理为基础。逻辑思维的核心在于利用概念来反映客观事物的本质属性,通过判断对思考对象进行断定,并通过推理从已知判断中得出新的结论。

逻辑思维的基本结构是三段论,也称直言三段论。这是一种间接推理方式,也是演绎推理的典型形式。三段论的基本结构是:所有 M 都是 P,所有 S 都是 M,所以,所有 S 都是 P。例如:

(1)凡是金属都导电,这块玻璃不导电,所以,这块玻璃不是金属;

(2)所有恐龙都已经灭绝了,有些恐龙是草食性动物,所以,有些草食性动物已经灭绝了;

(3)凡是科学都是有用的,逻辑学是科学,所以,逻辑学是有用的。

1.4.8　辩证思维

辩证思维是按照辩证逻辑的规律进行思考,遵循唯物辩证法的原则。辩证法强调事物之间的普遍联系、发展变化和对立统一,从整体上把握事物的本质。客观性、全面性和深刻性是辩证逻辑的基本特征。

辩证思维在创新活动中具有以下作用。

(1)整体作用。

世界上的事物具有无限复杂性和多层次性,辩证思维能够透过表象揭示事物的本质,在整体上引导其他思维方式,在更高层次上灵活运用各种思维规律。

（2）突破作用。

在创新中遇到困难或"僵局"时，辩证思维通过分析事物内部的矛盾，从正、反两方面切入，找到解决问题的关键，打破僵局。

（3）提升作用。

辩证思维有助于将对事物的感性认识上升为理性认识，通过总结和概括，提升对创新成果的认识价值，并扩展其应用，将创新成果转换为人类文明的共同财富。

1.5 创新方法

1.5.1 设问法

设问法，也称为提问法，是一种围绕创新对象或需要解决的问题进行发问的创新方法。通过针对具体问题的提出与研究，设问法引导强制性思考，有助于突破不善思考提问的思维障碍。它的特点在于目标明确、主题集中，在清晰的思路下有效引导发散思维，特别适用于创新过程的早期阶段。

设问法主要分为以下 4 类。

1. 奥斯本设问法

亚历克斯·奥斯本（如图 1-10 所示）是创造学、头脑风暴法的发明人，也是美国著名的创意思维大师。1919 年，奥斯本与布鲁斯·巴顿等人共同组建了 BBDO 广告公司，创设了美国创造教育基金会，开创了每年一度的创造性解决问题讲习会，并任第一任主席，他的许多创意思维模式已成为家喻户晓的常有方式。20 世纪 40 年代，亚历克斯·奥斯本在其公司发起创新研讨。1953 年他和帕内斯教授在纽约州立大学布法罗分校创办了世界上第一个创造学系，开始招收创造学专业的本科生和硕士研究生。1954 年，奥斯本作为纽约州立大学布法罗分校的董事会成员，促成该校建立"创新教育基金会"。

图 1-10 亚历克斯·奥斯本

奥斯本设问法分为以下 7 步。

（1）确定革新的方针。

（2）收集相关资料作为准备。

（3）对收集的资料进行分析。

（4）进行自由思考，记录并构思革新方案。

（5）提出实现方案的各种设想。

（6）综合有用的数据资料。

（7）评价各种方案，筛选出切实可行的设想。

2. 专项问题检核表法

专项问题检核表法也是奥斯本提出的创新方法，它通过列出问题或创新对象的相关问题，逐一核对、讨论，从中找到解决问题的方法或创新的设想。专项问题检核表法包括以下9方面的提问：

1）能否他用（转化）

（1）现有事物是否有其他用途？

（2）保持不变能否扩大用途？

（3）稍加改变有无其他用途？

2）能否借用（引申）

（1）现有事物能否借用别的经验？

（2）能否模仿别的东西？

（3）过去有无类似的发明创造？

3）能否改变（变动）

现有事物能否做些改变？ 如意义、颜色、声音、味道、式样等。

4）能否扩大（扩展）

（1）现有事物可否扩大应用范围？

（2）能否增加使用功能？

5）能否缩小（缩减）

现有事物能否减少、缩小或省略某些部分？

6）能否代用（替代）

现有事物能否用其他材料、元件、原理、方法、工艺等替代？

7）能否调整（重组）

能否调整已知布局、程序、日程计划等？

8）能否颠倒（反向）

作用能否颠倒？ 能否从相反方向考虑？

9）能否组合（综合）

现有事物能否组合？ 如原理组合、功能组合等。

3. 5W2H 法和 6W2H 法

5W2H 法是第二次世界大战期间美国陆军军械修理部首创的。它简单、方便、易懂、易用、启发性强，广泛应用于企业管理和技术活动中，对决策和执行活动措施也很有帮助，还有助于弥补考虑问题时的疏漏。

6W2H 法由我国教育家陶行知（如图 1-11 所示）提出。陶行知将这一提问模式称为教人聪明的"八大贤人"，并在原有的 5W2H 基础上增加了一个 Which 问题，进一步丰富了问题分析的维度。这一方法用于帮助人们在面对复杂问题时，通过多角度的提问，全面分析和解决问题。这种方法在教育领域被广泛应用,帮助学生和教育者系统地思考和解决问题。

为此陶行知写了一首小诗:"我有几位好朋友,曾把万事指导我,你若想问真姓名,名字不同都姓何:何事、何故、何人、何如、何时、何地、何去,还有一个西洋名,姓名颠倒叫几何。若向八贤常请教,虽是笨人不会错。"图 1-12 所示为 6W2H 法的逻辑框图。

(1) Why 表示为什么需要创新。

(2) What 表示创新的对象是什么。

(3) Where 表示从什么地方着手。

(4) Who 表示谁来承担创新任务。

(5) When 表示什么时候完成。

(6) How to do 表示怎样实施。

(7) How much 表示达到怎样的水平。

(8) Which 表示选择哪一个。

图 1-11　教育家陶行知

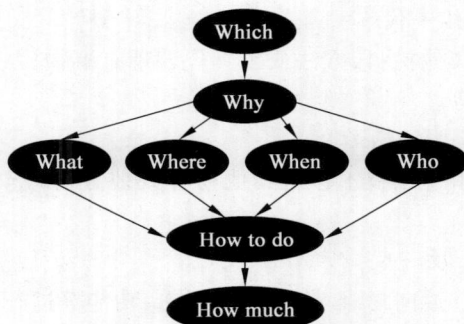

图 1-12　6W2H 法的逻辑框图

4. 和田十二法

和田十二法又称动词提示检核表法,是由我国创造学家许立言和张福奎基于对奥斯本方法的深入研究,结合上海和田路小学的教学实践,于 1991 年正式命名并提出的一套创新技法。这套方法通过简单易记的三字经形式,将 12 种创新技法概括为 12 条,分别是:加、减、扩、缩、变、改、联、学、代、搬、反、定。和田十二法旨在启发创新思维,推动创造性解决问题。以下是法则的具体内容:

1) 加一加

在现有事物的基础上添加一些元素,扩展其功能或形态,促使创新。例如,伽利略发明望远镜就是"加一加"的典型例子。

2) 减一减

通过减少、缩短或减轻现有事物的某些部分,创造出新的功能或产品,如隐形眼镜的发明。

3) 扩一扩

扩展现有事物的功能、用途或使用领域,以促成创新。例如,将吹风机扩展为烘干机。

4) 缩一缩

将物品的体积、长度等缩小,以开发出新的产品或功能。微雕艺术、袖珍词典等都是"缩一缩"的应用实例。

5）变一变

改变事物的形状、颜色、功能等，形成新的事物。例如，企业通过不断开发新产品来保持活力。

6）改一改

针对现有事物的缺点进行改进，以实现创新。拨盘式电话机改为琴键式电话机即是"改一改"的体现。

7）联一联

通过将不同事物联系起来，开发新功能或产品。例如，手写输入的手机将按键与手写功能结合。

8）学一学

借鉴和模仿其他事物的原理或特征，以实现创新。如雷达、潜水艇等发明都源自对自然界现象的模仿。

9）代一代

用其他材料、方法或工具代替现有事物，从而实现创新。如曹冲称象、复合材料代替传统材料等。

10）搬一搬

将事物或技术移至其他场合或地方，以产生新的用途或功能。例如，激光技术的多种应用。

11）反一反

通过逆向思维，将事物的形态、功能等进行颠倒，从而产生新事物。司马光砸缸救人就是典型的"反一反"案例。

12）定一定

为现有事物制定新的标准或规范，以提高效率或防止问题发生。例如，定位防近视警报器的发明。

1.5.2　移植法

移植法是一种创新方法，通过将某个学科领域中已经发现的新原理、新技术、新方法移植、应用或渗透到其他领域中，以创造新的事物。移植法也称为渗透法。从思维方式来看，这是一种侧向思维的应用。

1. 原理移植

原理移植是将某一领域的原理延伸或类推至新的领域。不同领域的事物往往具有一定的相通之处，因此原理的应用也可以在不同领域之间互相借鉴。例如，基于海豚对声波的吸收原理，科学家发明了用于舰船的声呐设备；再如，设计师将喷雾器的工作原理运用到汽车发动机化油器的设计中。发动机化油器是在发动机工作产生的真空作用下，将一定比例的汽油与空气混合的机械装置，化油器的主要作用是将汽油和空气以一定的比例混合，从而实现燃料的燃烧。通过化油器，发动机能够在不同的工况下，如汽车怠速、加速、爬坡等状态下，得到适合的混合气浓度。这样可以保证发动机的正常运转，并提高发动机的性能和效率。喷雾器（左）与化油器（右）的工作原理如图 1-13 所示。

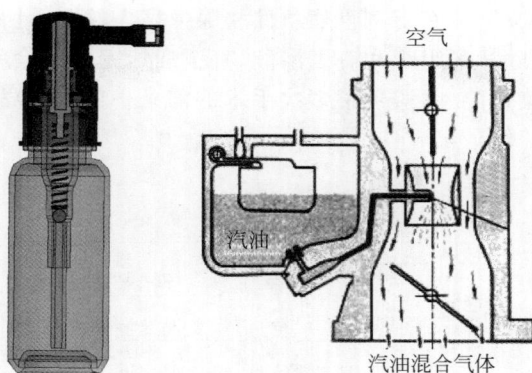

图 1-13 喷雾器(左)与化油器(右)的工作原理

2. 方法移植

方法移植指将已有的技术、手段或解决问题的途径应用到新的领域中,以创造新的成果。例如,Nike 公司的创始人之一比尔·包尔曼(Bill Bowerman)发现,用带有一排排凹凸小方块的铁板压制出来的华夫饼不仅美味,而且富有弹性。他借鉴这种制作华夫饼的方式,先对橡胶进行加工,将其压成有一排排凹凸小方块的形状,然后把这样的两块橡胶钉在鞋底上,结果发现穿上有这种鞋底的鞋走路非常舒适。经过系列产品的迭代和改良,这种设计发展成为今天运动品牌的"耐克"运动鞋。华夫饼(左)与鞋底(右)如图 1-14 所示。

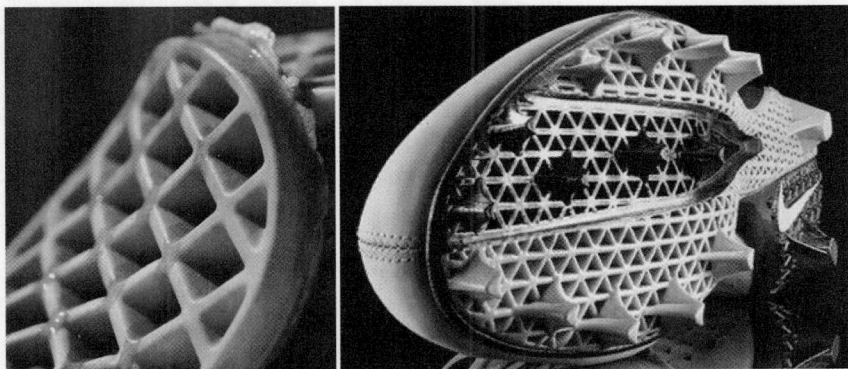

图 1-14 华夫饼(左)与鞋底(右)

3. 功能移植

功能移植指将一种事物的功能应用于其他事物。许多物品除了已知的主要功能外,还具有潜在的功能可以开发利用。例如,美国的惠特科姆·贾德森(Whitcomb Judson)设计了一款名为"鞋子的扣锁或解锁"(Clasp Locker or Unlocker for Shoes)的装置,并将其商业化,发明了拉链的原型。

20 世纪初,瑞典裔美国电气工程师吉德昂·逊德巴克(Gideon Sundback)开始为通用扣件公司(Universal Fastener Company)工作,改进了贾德森的发明后,于 1913 年研发出了"无钩扣件装置"(Hookless Fastening Device)。他的设计被称为"可分离的扣件"(Separable Fastener),于 1917 年获得专利。

武汉市第六医院的张应天医生多次在国内外提出创新手术和治疗方法,在 1992 年首创

"拉链关腹治疗重症胰腺炎",他在三例重症急性胰腺炎病人的腹部切口上装上拉链,定期拉开拉链直接观察病灶,清除坏死组织和有害渗液,直至病灶完全清除后再拆除拉链并缝合切口。这种方法减少了感染风险,并避免了多次手术的需求。医用拉链结构示意图如图 1-15 所示。

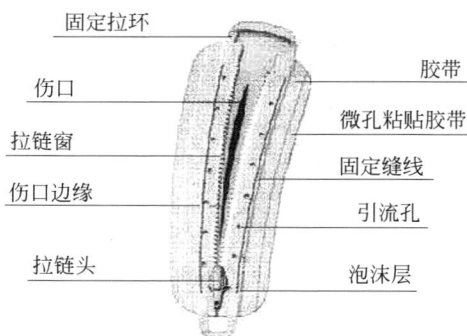

图 1-15   医用拉链结构示意图

4. 结构移植

将一种事物的结构形式或特征移植到另一事物上,往往能够带来显著的改进。例如,将滚动轴承的结构应用于机床导轨,将传统的滑动摩擦导轨改为滚动摩擦导轨。相比传统导轨,这种改进具有牵引力小、运动灵敏度高、定位精度高的优点,同时也简化了维护,只需更换滚动体即可。通过这种结构移植,不仅提升了设备的性能,还大大简化了维护过程。

1.5.3   组合创新法

组合创新法是一种通过巧妙组合两个或两个以上的技术因素,以获得具有统一整体功能的新技术产品的方法。根据组合方式的不同,组合创新法可以分为以下几类。

1. 同物组合

同物组合是若干相同事物的组合。例如,传统的订书机在装订较大物件时需要多次操作,不仅麻烦且难以对齐。而"双头订书机"则通过同时进行两次装订,使用起来更加方便。同样,双头话筒和子母灯(大光灯与小光灯一体化)的设计也带来了更大的使用便利。此外,书写和做记号时,"双色笔"和"三色笔"的设计显著提升了使用效率。如图 1-16 所示,同物组合的例子有双头订书机、双头话筒、三色圆珠笔。

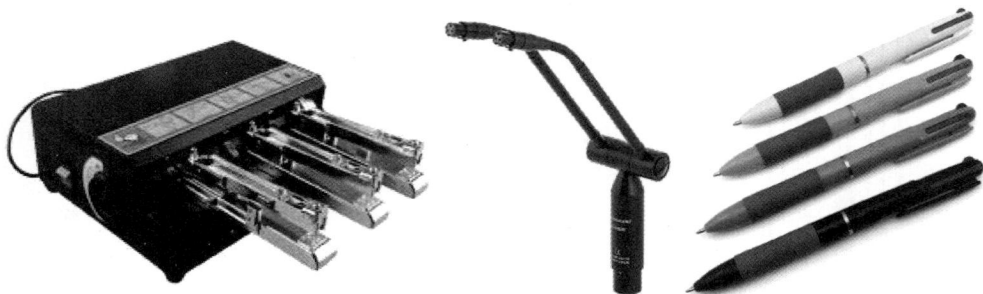

图 1-16   双头订书机、双头话筒、三色圆珠笔

2. 异类组合

异类组合是将两种或两种以上不同领域的技术思想或不同功能的物质产品结合在一起。根据组合方式,异类组合可以进一步细分为以下3类。

1) 原理组合

原理组合指将两种或多种技术原理有机结合,形成一种新的复合技术或技术系统。例如,我国古代发明的火药,通过将硝酸钾、木炭和硫黄有效组合在一起,形成了一种具有强大威力的新技术产品。

2) 功能组合

功能组合指将具有不同功能的产品组合在一起,使之形成一个技术性能更优或具有多功能的技术实体。例如,将收音机和录音机组合制成的收录机,既具备了收音功能,又能进行录音,使用更方便。同样,混凝土搅拌车通过将搅拌和运输功能组合,在运输过程中完成搅拌,提升了施工效率。

3) 方法组合

方法组合指将两种或多种独立的方法结合形成一种新方法。例如,将超声波灭菌和激光灭菌方法结合,利用"声光效应"彻底消灭水中的细菌。

3. 结构重组

结构重组是一种通过改变原有技术系统中各结构要素间的相互连接方式,以获得新的性能或功能的组合方法。

例如,鱼鹰运输机就是将螺旋桨飞机与直升机进行结构重组,重组后的新型飞机同时具备直升机起降灵活性和螺旋桨固定翼飞机的低油耗、速度快等特点。鱼鹰运输机如图 1-17 所示。

图 1-17　鱼鹰运输机

4. 概念组合

概念组合是一种通过将两个或两个以上命题或词类进行组合来产生创新的方法。

1) 命题组合

创新有时可以由若干特殊命题组合而产生。

例如:命题1,风刮起来会产生很大的力;命题2,需要很大的力是发电机转动的基本条件。去掉相同部分和不重要词汇,可以得到一种新的发电方法——风力发电,或一种新的发电设备——风力发电机。

2）词类组合

将选定的题目与尽可能多的相关动词相结合,以求引发新思想。

例如:题目要求是开发一种能上楼梯的车。首先寻找相关动词,如走、爬、迈、拖、拉,以及流动、滑动、滚动、飞行、跳跃等,最终选题确定为"滚动上楼梯车",如图 1-18 所示。

5. 综合

综合指将大量先进事物进行融合并应用,是一种更高层次的组合方式。以我国长征系列运载火箭(如图 1-19 所示)的研制为例,项目涉及多个专业领域,数万名科学技术人员共同参与完成。同样,美国的阿波罗飞船计划也调动了 42 万余名研究人员,经过 11 年的艰苦工作,才成功将宇航员送上月球并安全返回。阿波罗登月计划的总指挥韦伯曾指出:"阿波罗飞船计划中没有一项是突破性的新技术,关键在于综合。"

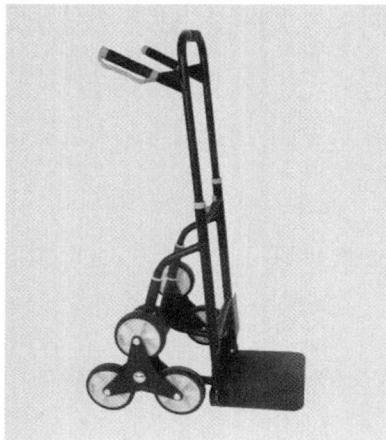

图 1-18   滚动上楼梯车

图 1-19   我国长征系列运载火箭

1.5.4   列举法

列举法是一种通过将与创新对象相关的各方面一一列举出来,进行详细分析,然后探讨改进方法的创新方法。列举法是最常用且最基本的创新方法。

1. 特征列举法

特征列举法是一种基于事物特征或属性,将问题分解为多个部分,以产生创新设想的方法。例如,在设计一台新型的电风扇时,直接从整体上寻求创新设想可能会难以入手;但如果将电风扇分解为扇叶、立柱、网罩、电动机、速度、风量等要素,再逐一分析和研究改进方法,这种方式能够有效促进创造性思考。

特征列举法的操作步骤如下:

(1)确定研究对象。

(2)列举特征,从以下 3 方面进行特征列举。

① 名词特性:整体、部分、材料、制造方法等。

② 形容词特性:颜色、形状、性质、状态。

③ 动词特性:功能、作用。

(3)创新设想:对上述 3 方面属性的各项目特性提出可能的创新设想,引出新方案。

2．缺点列举法

缺点列举法是通过挖掘产品缺点来进行创新的方法，尽可能找出某产品的缺点，并围绕这些缺点进行改进。缺点列举法的操作步骤如下：

1）确定对象

做好心理准备，认识到"金无足赤，人无完人"，事物皆有缺点，要用"显微镜"去观察。

2）列举缺点

尽量列举"对象"的缺点和不足，可以使用智力激励法或展开调查。

3）整理归类

将所有缺点整理归类，找出有改进价值的缺点，即突破口。

4）分析改进

针对缺点进行分析和改进，创造理想完善的新事物。

3．希望点列举法

希望点列举法是通过提出对产品的希望作为创新的出发点，寻找创新目标的一种方法。希望点列举法的操作步骤如下：

（1）确定对象。

（2）提出希望点。

（3）提出创新方案。

综合应用列举法进行产品创新的步骤如下：

- 明确课题名称。
- 应用特征列举法列出该物品的特征。
- 应用缺点及希望点列举法对特征进行分析。
- 提出新产品设想，初步选出新产品方案。
- 找出关键部件（要素），应用信息交合法进一步完善所提出的新产品方案，即二次方案。
- 应用焦点法再次分析，取得功能与造型方面的改进，形成新产品的三次方案。
- 综合思考与改进，确定最终方案，完成方案设计。

第2章

认识工程实践

2.1 工程实践的意义

2.1.1 工程实践的定义和重要性

工程实践指在具体工程项目中,综合运用科学、技术、数学和工程知识来解决现实问题的一系列活动。它不仅包括对设计、建造、规划、管理、质量控制、安全保障以及环境保护等多方面内容的统筹,还涉及复杂问题的分析与决策、技术的优化与创新,以及人力、物力与财务资源的有效整合。工程实践在推动技术创新、解决复杂难题和促进社会进步方面具有核心地位,能够将抽象的理论与实际需求深度结合,并在实践中不断发展与完善。

在整个工程实践过程中,工程师需要在扎实的专业理论支撑下,充分运用系统思考、风险管理、团队协作和创新意识等综合能力。在设计阶段,工程师要针对概念方案进行反复推敲,通过大量的调研与模拟分析,不断优化项目的可行性与安全性;在施工建造过程中,工程师更要注重现场管理、质量把控与安全保障,及时应对各种突发情况,并在信息反馈与实践检验中迅速迭代、完善工程方案;在运营与维护阶段,工程师则需要结合环境保护与可持续发展理念,确保项目在全生命周期内的效能与安全。

随着社会需求和技术变革的高速发展,工程实践的领域和场景也在不断拓展。从传统土木工程到高新技术产业,从城市规划到新材料与可再生能源应用,丰富多元的实践活动孕育着新的科技创新与行业变革。可以说,正是工程实践所带来的持续探索与创新,成为社会不断进步的核心动力。

2.1.2 工程实践在现代社会的角色与影响

1. 工程实践的影响

工程实践深刻影响着现代社会的各方面,具体表现如下。

(1)基础设施建设:交通系统优化、城市建筑发展以及公共服务设施完善,直接提升了社会效率和居民生活质量。

(2)科技创新:工程实践通过推动新技术的研发和应用,为社会创造新的发展动力。

(3)经济发展:工业化、现代化项目的实施带动了经济增长和就业机会。

2．重要性与案例

通过具体案例可以更好地理解工程实践的重要性。

（1）高速铁路建设：工程师通过创新技术实现了高效、安全、环保的交通模式。

（2）可再生能源项目：太阳能、风能等可再生能源项目的实施推动了绿色经济发展。

（3）智能交通系统：优化城市交通流量，减少交通拥堵，减少碳排放。

（4）中国光伏扶贫项目：在中国许多贫困地区，通过在闲置土地或农业大棚上安装光伏电板，既有效利用了光能资源，又为当地居民创造了额外收入来源，助力脱贫攻坚。

【案例1】　中石化新疆库车绿氢示范项目。

项目背景：利用当地丰富的太阳能资源和水资源，实现绿氢的规模化生产，为炼化企业提供绿色氢气。

项目实施：由 300 兆瓦光伏发电，把电输送到制氢厂，通过电解槽碱性电解水进行电解，产生氢气和氧气，氢气进一步纯化后供下游企业使用。

项目成效：每年制造绿氢 2 万吨，减碳 48.5 万吨，相当于每年植树约 28 万棵，开创了我国化工领域深度脱碳新发展路径，带动光伏、储能等相关产业协同发展。

【案例2】　哥本哈根的智能信号灯系统。

腾讯新闻引用了西班牙《国家报》的文章，让读者了解到丹麦首都哥本哈根在城市交通概念的理解和推广方面的成果，以及其友好、宜居和值得信赖的城市形象与交通系统之间的关系。

哥本哈根的大规模共享单车系统与智能信号灯协同，让城市交通更加绿色与高效，为全球城市提供了可借鉴的范本。共享单车作为一种环保的出行方式，在全球范围内兴起，哥本哈根也积极引入并进行大规模推广。同时，为了进一步优化交通流量，智能信号灯系统也被应用到城市交通管理中。

智能信号灯能够根据共享单车的流量动态调整信号时间。例如，在某条道路上共享单车流量较大，且主要方向是前往市中心，那么智能信号灯就会适当延长该方向的绿灯时间，减少等待时间，使共享单车能够更顺畅地通行。同时，智能信号灯也会根据整体交通流量情况，引导共享单车流向交通压力较小的道路，平衡交通负载。

在全球化背景下，工程实践面临跨国项目协调、供应链管理及不同国家法规差异等挑战。工程师需要通过跨文化沟通、统一标准以及高效协作来应对这些问题，确保项目在全球范围内的成功实施。其中"一带一路"倡议中的基础设施建设涵盖了多个国家和地区的公路、铁路、港口、管线等复杂项目，需要在不同法规与文化背景下进行沟通与合作，确保项目顺利推进。跨国海底光缆项目，如亚洲与欧洲之间的海底光缆建设，需要兼顾多国海域法规、海底地质条件和高水平工程技术，才能成功连接不同地区的信息网络。

2.1.3　工程实践在工程教育中的重要性

1．理论与实践结合

工程实践为学生提供了一个将理论知识应用于实际工作的平台，有助于学生更好地理解和掌握抽象的理论知识。

2．提高实际操作能力

通过工程实践，学生可以将理论知识转换为实际操作技能，并在实践过程中面对各种问题和挑战,从而提高自己的实际操作能力。

3. 提升综合素质

工程实践要求学生具备团队合作能力、创新能力、沟通能力等综合素质,通过参与工程实践项目,学生可以锻炼自己的综合素质,为未来的职业发展打下坚实的基础。

4. 培养创新思维

在工程实践中,学生需要面对各种未知的问题和挑战,这要求他们具备创新思维和解决问题的能力。通过不断尝试和探索新的解决方案,学生的创新思维会得到激发和培养。

【案例3】 高校与企业联合办学。

理工科院校与国内知名企业(如华为、中车集团等)合作开设项目制课程或实习项目,让学生在真实项目环境中得到锻炼,进一步提升实践与创新能力。

根据西南交通大学新闻网(news.swjtu.edu.cn)发布的信息,以及百度百科关于"西南交大-中车时代微电子学院"的词条,学院是由西南交通大学与中车时代微电子公司合作建立,旨在培养微电子领域的高素质人才。学院依托西南交通大学的学术底蕴和中车时代微电子的行业优势,致力于产教融合。"以真实问题为导向、以项目为牵引"的跨学科课程体系,将理论知识与实际应用紧密结合。课程体系不仅涵盖微电子学的基础理论,还融入材料科学、计算机科学、控制工程等多个相关学科的知识。通过引入企业真实项目,让学生在解决实际问题的过程中学习新知识、新技术。

【案例4】 麻省理工学院的本科生机会项目。

麻省理工学院(MIT)的本科生研究机会项目(Undergraduate Research Opportunities Program,UROP)是一项旨在促进本科生参与科研活动的创新计划。该项目自1969年开创以来,已成为全球高等教育界促进本科生科研的典范,为MIT的学生提供了宝贵的实践机会,帮助他们从早期就接触并参与到真实的研究课题或工程项目中。

工程实践既是推动技术进步和经济社会发展的强大动力,也是对工程师专业素养、社会责任和道德准则的全面考验。通过不断强化工程教育的实践环节、完善相关法律法规与道德规范,可以有效提升工程实践的质量与效率,为人类社会的可持续发展创造更美好的未来。

2.2 工程伦理与社会责任

2.2.1 工程师的社会责任

工程师的工作成果深刻影响社会运转,如城市规划、基础设施设计等。如果工程师忽视社会公平和公众需求,可能导致基础设施薄弱或社会不平等。工程师需要对公众负责,确保项目安全可靠,并符合社会整体利益。

例如,在城市规划中,工程师负责设计交通系统、供水供电设施以及公共建筑等,这些设计方案直接决定了城市居民的生活质量和便利性。如果工程师仅仅关注技术可行性和经济效益,而忽视了社会公平性和公众需求,可能会导致某些地区基础设施薄弱,贫富差距进一步拉大。

工程师需要对公众负责,确保他们所设计和建造的工程能够安全、可靠地运行,并且符合社会的整体利益。这意味着在项目决策阶段,工程师应当充分考虑各种因素,如不同人群的使用需求、对当地社区的影响等。在设计一座桥梁时,不仅要考虑其承载能力和结构稳定性,还要考虑到周边居民的出行便利性,以及对当地生态环境的潜在影响。在施工过程中,工程师要监督工程质量,防止偷工减料等问题的出现,确保工程能够按照预定的标准完成,保障公众的生命财产安全。

此外,工程师还应当积极参与社会公益事业,利用自己的专业知识为解决社会问题贡献力量。例如,在一些贫困地区,工程师可以参与到改善饮用水质量、建设小型能源设施等项目中,帮助当地居民提高生活水平,缩小城乡差距,促进社会的均衡发展。

【案例5】 岳阳市总工会《用勤奋好学诠释着新时代青年的责任与担当——记巴陵工匠钟世有》。

人物简介:华能湖南岳阳发电有限责任公司运行部正值长(工程师)钟世有,1990年出生,2015年大学本科毕业后在该公司工作至今,先后获得中国华能集团有限公司优秀技能选手、岳阳市巴陵工匠、岳阳市五一劳动奖章等荣誉。

内容描述:在工作中,钟世有作为班组长积极发现安全隐患并督促整改,做到闭环管理。2022年度仅前10个月,在开停机同比增加18次的情况下,累计耗油同比减少1297吨,降幅为50.6%,为公司节省费用超760万元。此外,他还发扬"传帮带"优良传统,3年以来班组共培养值长、值班员多名,参与实用新型发明专利15个,带领班组荣获多项荣誉,体现了对企业发展和人才培养的责任担当。

2.2.2 公共安全与环境保护

公共安全和环境保护是工程伦理与社会责任的重要体现。工程活动对公共安全的影响至关重要,一旦发生工程事故,往往会造成巨大的人员伤亡和财产损失,严重影响社会的稳定和发展。

例如,建筑工程中的质量问题可能导致建筑物倒塌,化工工程中的安全漏洞可能引发爆炸和泄漏事故,这些都直接威胁着公众的生命安全。

因此,工程师在工程设计和施工过程中,必须严格遵守安全规范和标准,采用先进的安全技术和管理措施,确保工程的安全性。在化工工程、核电站等高风险领域,工程师需要不断改进工艺设计和安全监控方案,最大限度地降低事故风险。

环境保护也是工程师不可忽视的责任。随着工业化和城市化的加速发展,工程活动对环境的影响日益显著。

例如,大规模的基础设施建设可能破坏自然生态系统,工业生产过程可能排放大量的污染物,对空气、水和土壤造成污染。

工程师应当秉持可持续发展的理念,在工程规划和实施过程中,充分考虑环境保护因素,采取节能减排、资源循环利用等环保措施,减少对环境的负面影响。在设计一个工厂时,工程师可以优化生产工艺,提高能源利用效率,同时配备完善的污染处理设施,确保达标排放,保护周边的生态环境,为子孙后代留下一个清洁、美丽的地球。绿色综合管廊建设在城市地下空间集中建设和整合给水、电力、通信和燃气管线,既减少了城市道路反复开挖,也有效提升了公共安全和资源整合效率,给城市环境与居民生活都带来了积极影响。

【案例6】 日本福岛核电站事故中的工程师职责与反思。

各大国际新闻媒体对福岛核电站事故进行了深入报道,相关专业书籍如门田隆将撰写的《福岛核事故真相》也对事故中工程师的工作及事故原因等进行了详细剖析。

案例描述：2011年，日本福岛第一核电站发生核泄漏事故。在地震和海啸引发的巨大灾难面前，核电站的工程师们面临着前所未有的挑战。一些工程师在极端困难的条件下坚守岗位，努力采取措施控制核反应堆的温度和压力，试图避免更严重的核泄漏。然而，由于地震和海啸的破坏力超出预期，以及核电站在设计和安全防范方面存在的一些漏洞，最终导致了严重的核泄漏事故，对当地居民的生命安全、健康以及周边环境造成了巨大的影响。

【案例7】 港珠澳大桥工程师对公共安全的保障。

案例描述：在港珠澳大桥的建设过程中，工程师们面临着诸多挑战，尤其是在保障大桥的公共安全方面。他们精心设计了防风、抗震、防撞等多种安全防护措施。例如，为了抵御强台风，大桥的桥墩采用了先进的结构设计和高强度的建筑材料，确保在极端天气条件下大桥的稳定性；在防撞方面，设置了专门的防撞设施，以防止船只碰撞对大桥结构造成破坏，从而保障了大桥在使用过程中的公共安全，为粤港澳大湾区的交通往来提供了安全可靠的基础设施。

2.2.3　法律法规与道德约束

法律法规和道德约束对于规范工程师行为、保障工程伦理和社会责任具有重要意义。法律法规明确规定了工程活动的行为准则和底线，要求工程师严格遵守国家和地方的相关法律法规，依法开展设计、施工和运营等工作。在建筑工程领域，从招投标、施工许可到工程质量验收，各个环节都有详细的法律规定，工程师必须确保工程活动的合法性，否则将面临法律制裁。

法律法规与道德约束相互补充、相辅相成。法律法规为道德约束提供了有力的制度支撑，以强制力保障道德底线不被突破；道德约束则拓展和深化了法律法规的内涵，促使工程师在更高的道德层面上自觉践行工程伦理与社会责任，共同推动工程行业的健康、可持续发展，为社会创造更多福祉。

【案例8】 中国航天工程团队在载人航天工程等项目中的贡献。

从火箭的设计、制造到飞船的研发、发射和回收等各个环节，工程师们都严格遵循高标准的技术规范和安全要求，确保每个零部件的质量和每个系统的可靠性，这展现了卓越的专业精神和高度的团队合作精神。

在面对复杂的技术难题和巨大的风险挑战时，他们不畏艰难，勇于创新，通过无数次的试验和改进，实现了我国载人航天技术的重大突破。同时，航天工程团队内部密切协作、无私奉献，各个专业的工程师们紧密配合，共同攻克了一个又一个难关，为我国航天事业的发展立下了汗马功劳，充分体现了工程师遵守职业道德和履行社会责任的精神。

【案例9】 工程师保护客户隐私和他人的生命财产安全。

某软件公司工程师小李：

在某软件公司工作的工程师小李，负责客户数据库的维护和管理。有一次，小李发现其中一位客户的个人信息有泄露的风险，他迅速采取了措施，修复了数据库的漏洞并保护了客户的隐私。尽管这个问题不是由他引起的，但他主动承担责任，体现了保护客户隐私的道德精神。

某工程项目工程师小王：

在某工程项目中，工程师小王发现了一处可能存在安全隐患的构造设计问题。尽管这意味着重新设计和延误工期,小王没有犹豫,立即向项目负责人汇报了问题。他不仅关注工程的质量和安全,也负责任地保护了他人的生命财产安全。

道德约束在工程伦理中起着至关重要的作用。道德约束能够引导工程师在法律法规的基础上,追求更高的道德标准,做出更加符合社会伦理的决策。在某些情况下,虽然某些行为可能并不违法,但从道德层面来看是不可取的。例如,在工程招投标过程中,虽然没有法律明确禁止某些擦边球行为,但工程师应当秉持公平、公正、诚信的道德原则,拒绝参与不正当竞争,维护工程行业的良好秩序。

工程师应当自觉接受道德教育,培养高尚的职业道德情操,将道德原则融入日常的工程实践中。通过建立行业自律组织和道德监督机制,可以加强对工程师道德行为的监督和约束,对违反道德规范的行为进行曝光和谴责,促使工程师自觉遵守道德准则,履行社会责任,共同推动工程行业的健康发展。

2.3　车削

2.3.1　车床操纵练习

1. 实习教学要求

(1) 了解车床型号、规格、主要部件的名称和作用。

(2) 了解车床各部件传动系统。

(3) 掌握床鞍(大拖板)、中滑板(中拖板)、小滑板(小拖板)的进退刀方向。

(4) 根据需要,按车床铭牌对各手柄位置进行调整。

(5) 懂得车床维护、保养及文明生产和安全技术的知识。

2. 相关工艺知识

车床各部分名称如图 2-1 所示。

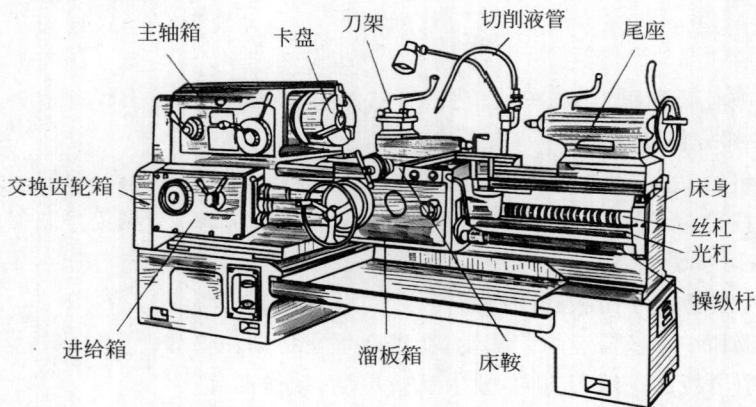

图 2-1　车床各部分名称示意图

1) 主轴部分

(1) 主轴箱内有多组齿轮变速机构,变换箱外手柄位置,可以使主轴得到各种不同的转速。

(2) 卡盘用来夹持工件,带动工件一起旋转。

2）挂轮箱部分

交换齿轮箱的作用是把主轴的旋转运动传送给进给箱。变换箱内齿轮,并和进给箱及丝杠配合,可以车削各种不同螺距的螺纹。

3）进给部分

（1）进给箱。

通过进给箱内部的齿轮传动机构,可以将主轴传递的动力传递给光杠或丝杠,从而实现多种不同的转速。

（2）丝杠。

丝杠用来车削螺纹。

（3）光杠。

光杠用来传动动力,带动床鞍、中滑板,使车刀做纵向或横向的进给运动。

4）溜板部分

（1）溜板箱。

变换箱外手柄位置,在光杠或丝杠的传动下,可使车刀按要求方向做进给运动。

（2）滑板。

滑板分为床鞍、中滑板、小滑板三种。床鞍做纵向移动,中滑板做横向移动,小滑板通常做纵向移动。

（3）刀架。

刀架用来装夹车刀。

5）尾座

尾座用来安装顶尖、支顶较长工件,它还可以安装其他切削刀具,如钻头、绞刀等。

6）床身

床身用来支持和安装车床的各个部件。床身上面有两条精确的导轨,床鞍和尾座可沿着导轨移动。

7）附件

附件包括中心架和跟刀架,车削较长工件时,起支撑作用。

8）车床各部分传动关系

电动机输出的动力,经皮带传给主轴箱,带动主轴、卡盘和工件做旋转运动。此外,主轴的旋转还通过挂轮箱、进给箱、光杠或丝杠到溜板箱,带动床鞍、刀架沿导轨做直线运动。

3. 操纵练习步骤

1）床鞍、中滑板和小滑板摇动练习

（1）中滑板和小滑板慢速均匀移动,要求双手交替动作自如。

（2）分清中滑板的进退刀方向,要求反应灵活,动作准确。

2）车床的启动和停止

练习主轴箱和进给箱的变速,变换溜板箱的手柄位置,进行纵横机动进给练习。

4. 注意事项

（1）要求每台机床都具有防护设施。

（2）摇动滑板时要集中注意力,做模拟切削运动。

（3）倒顺电气开关不准连接,确保安全。

（4）变换车速时，应停车进行。

（5）车床运转操作时，转速要慢，注意防止左右前后碰撞，以免发生事故。

2.3.2 卡盘装拆练习

1. 实习教学要求

（1）了解自定心卡盘（三爪卡盘）的规格、结构及其作用。

（2）能掌握自定心卡盘零部件的装拆。

（3）能根据装夹需要，更换正反卡爪。

（4）能在主轴上装卸自定心卡盘，掌握装卸时的安全知识。

2. 相关工艺知识

自定心卡盘是一种常用的机床夹具，能够自动将工件定心并夹紧，广泛应用于车床加工中。自定心卡盘结构如图 2-2 所示。

卡盘主体：通常为圆盘状，内部包含驱动机构。

卡爪：通常有三个（称为三爪卡盘）或四个（称为四爪卡盘），均匀分布在卡盘主体上。卡爪通过内部的齿轮机构实现同步移动，以夹紧或松开工件。

驱动机构：包括小锥齿轮和大锥齿轮。操作时，扳手转动小锥齿轮，带动大锥齿轮旋转。大锥齿轮背面设有平面螺纹，与卡爪背面的螺纹啮合，从而驱动卡爪同步沿径向移动，实现自动定心和夹紧。

图 2-2 自定心卡盘结构

1）自定心卡盘的规格

常用的公制自定心卡盘规格有 150mm、200mm、250mm。

2）自定心卡盘的拆卸、安装步骤

（1）拆卸步骤。

① 准备工作。

关闭机床电源，确保主轴停止旋转。

准备好所需工具，如扳手、内六角扳手、毛刷、清洁布等。

② 松开卡盘。

使用专用扳手，逆时针旋转卡盘的紧固螺栓或螺母。

如果卡盘与主轴连接紧密，可以用橡胶锤轻轻敲击，辅助松动。

③ 拆下卡盘。

双手托住卡盘，轻轻将其从主轴上取下。

注意避免卡盘跌落或碰伤主轴。

④ 拆解卡盘内部结构。

将卡盘放在平稳的工作台上，取下固定卡爪的螺栓或销钉。

按顺序取出卡爪，记住每个卡爪的编号位置。

拆解齿轮机构，清除内部的金属屑或污垢。

⑤ 清洁与检查。

用毛刷或压缩空气清理卡盘内部的污垢。

检查各部件是否磨损、变形或损坏,必要时更换。

(2)安装步骤。

① 安装齿轮机构。

将清洁后的齿轮装回卡盘主体,并涂抹适量润滑油。

确保齿轮啮合顺畅,无卡滞现象。

② 安装卡爪。

按编号顺序将卡爪装回原位。

确保卡爪能够在齿轮的带动下同步移动。

③ 安装卡盘。

将卡盘对准主轴的安装位置,轻轻推入。

用扳手拧紧卡盘与主轴的紧固螺栓或螺母,顺时针旋转。

④ 调试与校正。

手动旋转卡盘,检查是否平稳无晃动。

安装试件,调整卡爪以确保工件夹持牢固且同心度准确。

⑤ 试运行。

开启机床,低速旋转主轴,观察卡盘运行是否正常。

确认无异常后,正式投入使用。

3)卡盘在主轴上装卸练习

(1)装卡盘时,首先将连接部分擦净,加油并确保卡盘安装的准确性。

(2)卡盘旋上主轴后,应使卡盘法兰的平面和主轴平面贴紧。

(3)卸卡盘时,在操作者对面的卡爪与导轨面之间放置一定高度的硬木块或软金属,然后将卡爪转至近水平位置,慢速倒车冲撞。当卡盘松动后,必须立即停车,然后用双手把卡盘旋下。

3.注意事项

1)安装卡盘时

在主轴上安装卡盘时,应在主轴孔内插入一根铁棒,并垫好床面护板,防止损坏床面。

2)安装卡爪时

安装三个卡爪时,应按逆时针方向顺序进行,注意防止平面螺纹旋转过头。

3)装卡盘安全事项

装卡盘时严禁开动车床,以免发生危险。

2.3.3　工件装夹找正练习

1.实习教学要求

(1)理解工件的装夹和找正的意义。

(2)掌握工件的找正方法和注意事项。

2.相关工艺知识

1)工件找正的意义

将工件安装在卡盘上,使工件的中心与车床主轴的旋转中心取得一致,这一过程称为找正工件。通过找正,可以确保工件的定位基准与加工基准一致,减少偏差,保证加工表面的尺寸和位置精度。找正工件可以减少由于装夹不当导致的偏心、倾斜等问题,从而避免加工误差,提高加工质量。如图 2-3 所示,使用划针盘找正。

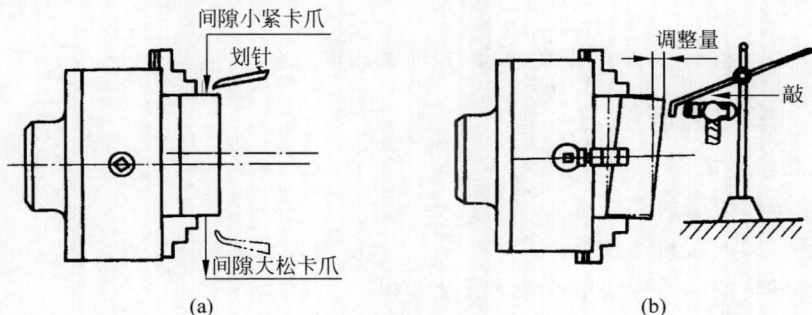

图 2-3　使用划针盘找正

2)找正的方法

(1)目测法。

方法步骤如下:

① 将工件夹在卡盘上,使其旋转。

② 观察工件跳动情况,找出最高点,用重物敲击高点。

③ 再次旋转工件,观察跳动,继续敲击高点,直至工件找正。

④ 将工件夹紧。

操作程序如下:工件旋转→观察跳动找出最高点→找正→夹紧。

要求如下:最高点和最低点的跳动在 1～2mm 范围内为宜。

(2)使用划针盘找正,适用于车削余量较小的工件。

方法步骤如下:

① 工件装夹后(不可过紧)。

② 用划针对准工件外圆,并留有一定间隙。

③ 转动卡盘使工件旋转,观察划针与工件圆周间的间隙。

④ 调整最大间隙与最小间隙,使其达到均匀一致。

⑤ 将工件夹紧。

找正精度如下:一般为 0.5～0.15mm。

(3)开车找正法。

方法步骤如下:

① 在刀台上装夹一个刀杆或硬木块。

② 将工件装夹在卡盘上(不可用力夹紧)。

③ 启动车床,使工件旋转。

④ 用刀杆靠近工件,直至将工件找正。

⑤ 将工件夹紧。

优点如下:方法简单、快捷。

注意事项如下:工件夹紧程度需适当,不能太松或太紧。

3. 注意事项

(1)找正较大的工件时,应在车床导轨上垫放防护板,以防工件掉落砸坏车床。

（2）找正工件时，应将主轴放置在空挡位置，并用手搬动卡盘旋转。

（3）找正过程中，每次敲击工件后应轻轻夹紧，最终在工件找正合格后再将其夹紧固定。

（4）找正工件须耐心细致，避免急躁，并注意操作安全。

2.3.4 车刀刃磨练习

1. 实习教学要求

（1）懂得车刀刃磨的重要意义。

（2）了解车刀的材料和种类。

（3）了解砂轮的种类和使用砂轮的安全知识。

（4）初步掌握车刀的刃磨姿势及刃磨方法。

2. 相关工艺知识

1）车刀的材料

常用的车刀材料（刀头部分），一般有高速钢和硬质合金两类。

2）车刀的种类

常用的车刀有外圆车刀、内孔车刀、螺纹车刀、切断刀等。

3）砂轮的选用

目前常用的砂轮有氧化铝和碳化硅两类。

（1）氧化铝砂轮，适用于高速钢和碳素工具钢刀具的刃磨。

（2）碳化硅砂轮，适用于硬质合金车刀的刃磨。

砂轮的粗细以粒度表示，一般可分为 36 粒、60 粒、80 粒和 120 粒等级别。粒数越多则表示砂轮的磨料越细，反之越粗。粗磨车刀应选粗砂轮，精磨车刀应选细砂轮。

4）刀的刃磨

现以刀尖角为 80° 的外圆车刀为例，介绍如下：

（1）粗磨。

① 磨主后面，同时磨出主偏角及主后角。

② 磨副后面，同时磨出副偏角及副后角。

③ 磨前面，同时磨出前角，如图 2-4 所示。

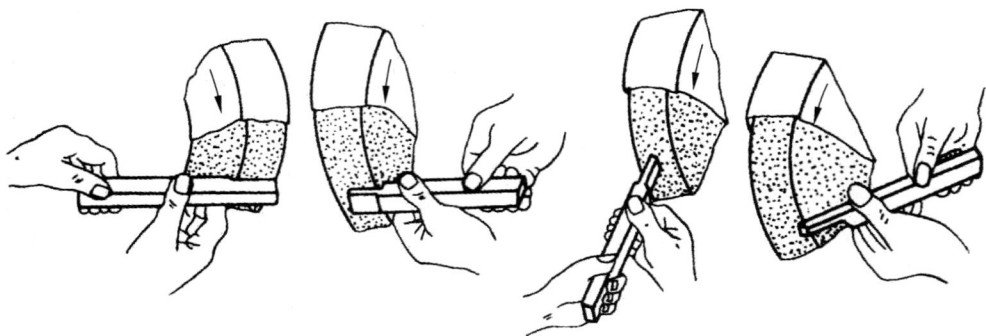

图 2-4 刀具刃磨

（2）精磨。

① 修磨前面。

② 修磨主后面和副后面。

③ 修磨刀尖圆弧。

5）检查车刀角度的方法

（1）目测法。观察车刀角度是否合乎切削要求，刀刃是否锋利，表面是否有裂痕和其他不符合切削要求的缺陷。

（2）量角器和样板测量法。对于角度要求高的车刀，可用此法检查，如图 2-5 所示。

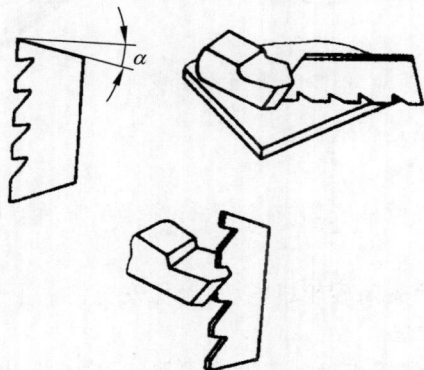

图 2-5　车刀角度检查

3．注意事项

1）施力不宜过大

在刃磨车刀时，施力不宜过大，以避免刀具打滑增加受伤的风险。

2）角度

车刀的安装高度应控制在砂轮的水平中心位置，刀头应略微上翘，以避免出现后角过大或形成负后角等问题。

3）刃磨过程

刃磨过程中，应保持车刀的水平左右移动，以防止砂轮表面产生凹坑，影响刃磨效果。

4）避免使用砂轮的侧面

在使用平形砂轮磨刀时，应尽量避免使用砂轮的侧面，以确保砂轮的正常使用寿命。

5）定期修整

砂轮磨削表面需要定期修整，以保持其平衡运转，防止明显跳动。一般情况下，可使用砂轮刀在砂轮表面进行来回修整，以保持其平整度，如图 2-6 所示。

6）必须佩戴防护眼镜

刃磨车刀时必须佩戴防护眼镜，以防飞溅物伤害眼睛。

7）禁止将刀头部分放入水中冷却

在刃磨硬质合金车刀时，禁止将刀头部分放入水中冷却，以防止因骤冷导致刀片碎裂；刃磨高速钢车刀时，应随时使用水冷却，以防车刀过热退火，降低硬度。

8）检查砂轮机的防护设施

磨刀前应检查砂轮机的防护设施是否完好，包括防护罩壳是否齐全，以及带有托架的砂

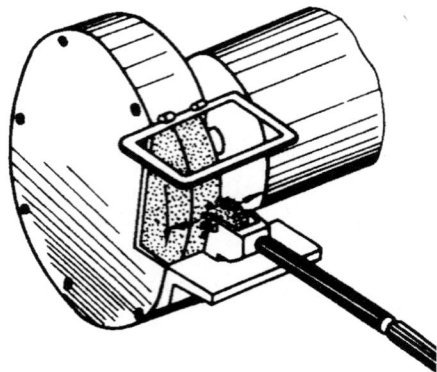

图 2-6　砂轮磨削表面修整

轮,其托架与砂轮之间的间隙是否适当。

9)重新安装砂轮需要检查

重新安装砂轮后,必须进行检查,并在试运行确认正常后方可使用。

10)关闭电源

刃磨工作结束后,应随手关闭砂轮机电源,确保安全。

11)掌握正确的姿势、方法

车刀刃磨练习的重点是掌握正确的刃磨姿势和刃磨方法,以确保刃磨质量和刀具性能。

2.3.5　量具的测量练习

1. 实习教学要求

(1)了解游标卡尺、千分尺的结构形状。

(2)了解游标卡尺、千分尺的读数原理及读数方法。

(3)掌握游标卡尺、千分尺的测量方法。

(4)掌握游标卡尺、千分尺的维护、保养方法。

2. 相关工艺知识

在轴类工件的尺寸测量中,常用游标卡尺或千分尺进行测量。

1)游标卡尺

游标卡尺的种类较多,常见的有两用游标卡尺和双面游标卡尺。根据测量精度的不同,游标卡尺可分为以下几种类型:

- 0.1mm(1/10)精度游标卡尺。
- 0.05mm(1/20)精度游标卡尺。
- 0.02mm(1/50)精度游标卡尺。

(1)0.1mm(1/10)精度游标卡尺刻线原理。

- 尺身每小格为 1mm,游标刻线总长为 9mm,并等分为 10 格,因此每格的长度为 9mm/10=0.9mm。
- 尺身和游标相对一格之差为 1mm－0.9mm＝0.1mm。该游标卡尺的测量精度为 0.1mm。

（2）0.05mm（1/20）精度游标卡尺刻线原理。

- 尺身每小格为1mm，游标刻线总长为19mm，并等分为20格，因此每格的长度为19mm/20＝0.95mm。
- 尺身和游标相对一格之差为1mm－0.95mm＝0.05mm。该游标卡尺的测量精度为0.05mm。

（3）0.02mm（1/50）精度游标卡尺刻线原理。

- 尺身每小格为1mm，游标刻线总长为49mm，并等分为50格，因此每格的长度为49mm/50＝0.98mm。
- 尺身和游标相对一格之差为1mm－0.98mm＝0.02mm。该游标卡尺的测量精度为0.02mm。

（4）游标卡尺的读数方法。

游标卡尺的读数步骤如下：

① 先读出游标零线在尺身上的整毫米数；② 找出游标上与尺身刻线对齐的刻度，将其对应的小数值加到整毫米数上，即为最终测量读数。

（5）游标卡尺的使用方法及测量范围，可用于测量以下参数：外径、孔径、长度、深度、沟槽宽度。

在使用过程中，应保持正确的测量姿势和方法，确保测量结果的准确性，如图2-7所示。

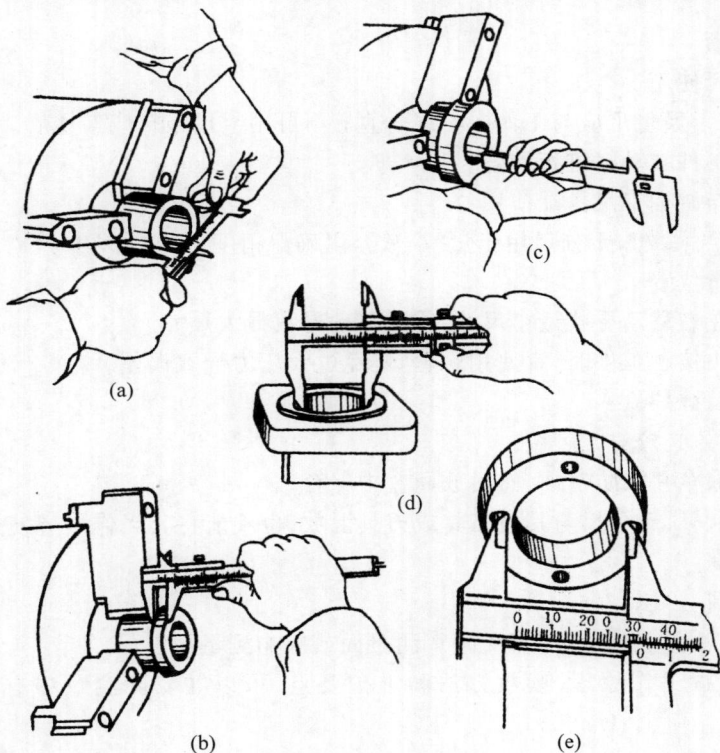

图2-7 游标卡尺的使用方法

2）千分尺

千分尺（或百分尺）是生产中最常用的精密量具之一，一般测量精度为0.01mm。由于测微螺杆的精度和结构限制,其一次移动量通常为 25mm,故常用的千分尺测量范围按照 0～25mm、25～50mm、50～75mm、75～100mm 等,以 25mm 为一个规格间隔。

根据用途不同,千分尺可分为外径千分尺、内径千分尺、内测千分尺、游标千分尺、螺纹千分尺和壁厚千分尺等。它们的原理相同,都是利用测微螺杆的移动实现测量。

(1) 结构组成。

主要部件:尺架、踮座、测微螺杆、锁紧装置、固定套管、微分筒和测力装置。

零位校正:使用前,必须校正零位;若零位不准,可用专用扳手进行调整。

(2) 工作原理。

- 千分尺的测微螺杆螺距为 0.5mm。
- 固定套筒上刻线的最小分度为 0.5mm(套筒有上下刻线)。
- 微分筒转一周,测微螺杆移动 0.5mm。
- 微分筒圆周上共有 50 格,每转 1 格(即 1/50 周),测微螺杆移动量为 $0.5mm \div 50 = 0.01mm$。因此,常用千分尺的测量精度为 0.01mm。

(3) 千分尺的读数方法。

- 读取固定套筒上的刻线,即固定套筒上露出刻线的整毫米数和半毫米数。
- 查看微分筒上的对准格,确定微分筒上哪一格与固定套筒基准线重合。
- 相加得到测量值,将固定套筒刻线读数与微分筒对齐的读数相加,即为被测工件的尺寸。

3. 注意事项

1) 游标卡尺使用

- 测量时,卡尺量爪应与工件中心线垂直;不可用卡尺敲打或勾铁屑。
- 禁止在工件转动时进行测量。

2) 千分尺与游标卡尺搭配使用

卡尺用于量"大数",千分尺用于量"小数",以确保精度。

3) 找正测量位置

- 测量时左右移动寻找最小尺寸,前后移动寻找最大尺寸。
- 当测量头接触工件时,宜使用棘轮,避免过大压力导致误差。

4) 使用前后维护

- 测量前,务必校对"零"位。
- 测量后擦净并涂防锈油,然后放回盒中保存。
- 不要将卡尺、千分尺与其他工具或刀具混放,也不能将其当作卡规使用,以免损坏或降低精度。

5) 适用范围

千分尺不宜测量粗糙表面,以免损坏测量面或影响测量精度。

通过正确掌握工作原理、读数方法和维护要点,可以在实际测量中有效提升精度与效率。

2.3.6 车床的润滑和维护保养

1. 实习教学要求

(1) 了解车床维护保养的重要意义。

（2）掌握车床日常注油方式。

（3）掌握车床的日常清洁维护保养要求。

2．相关工艺知识

为了保持车床的正常运转并延长其使用寿命，必须重视日常维护保养。其中，润滑是尤为关键的环节。车床的摩擦部位只有在得到充分润滑的情况下，才能有效减少磨损、降低故障率。下面介绍车床常用的几种润滑方式。

1）浇油润滑

- 适用范围：外露的滑动表面。
- 示例：床身导轨面、滑板导轨面等。
- 方法：可采用人工直接将润滑油浇或滴到摩擦表面。

2）溅油润滑

- 适用范围：密封的箱体内。
- 示例：车床的主轴箱。
- 方法：利用齿轮转动将润滑油溅到油槽，再将油输送到需要润滑的各个部位。

3）油绳导油润滑

油绳导油润滑，如图 2-8（a）所示。

- 适用范围：车床进给箱、溜板箱的油池等。
- 原理：利用毛线的吸油和渗油特性，将机油缓慢地引到需要润滑的部件。

4）弹子油杯注油润滑

弹子油杯注油润滑，如图 2-8（b）所示。

- 适用范围：尾座、滑板摇手柄转动的轴承处。
- 方法：注油时，用油嘴把弹子压下，将润滑油滴入；弹子油杯设计可防尘防屑。

5）黄油（油脂）杯润滑

黄油（油脂）杯润滑，如图 2-8（c）所示。

- 适用范围：车床挂轮架的中间轴。
- 方法：将工业油脂装入黄油杯，拧动油杯盖时，油脂被挤入轴承套内；与加机油相比更为便利。
- 特点：油脂存储期较长，不需要每天加油。

6）油泵输油润滑

- 适用范围：转速高、需要大量润滑油的机构。
- 示例：车床主轴箱通常采用油泵输油润滑。
- 方法：利用油泵将润滑油循环输送至各摩擦部位。

正确、及时地为车床各部件进行润滑，不仅能降低设备磨损和能耗，还能有效减少故障率，提升加工精度，最终达到延长车床使用寿命的目的。

3．车床的润滑系统

为确保车床得到正确润滑，现以 C620-1 型车床为例，说明各润滑部位及相关要求。车床的润滑系统如图 2-9 所示。除图 2-9 中标注 1、4、5 的润滑部位使用黄油外，其余部位均使用 30 号机械油。其中，30 号机械油现在被称为"全损耗系统油"。这是一种机械油，也被称为齿轮油或循环油，适用于一般润滑系统。

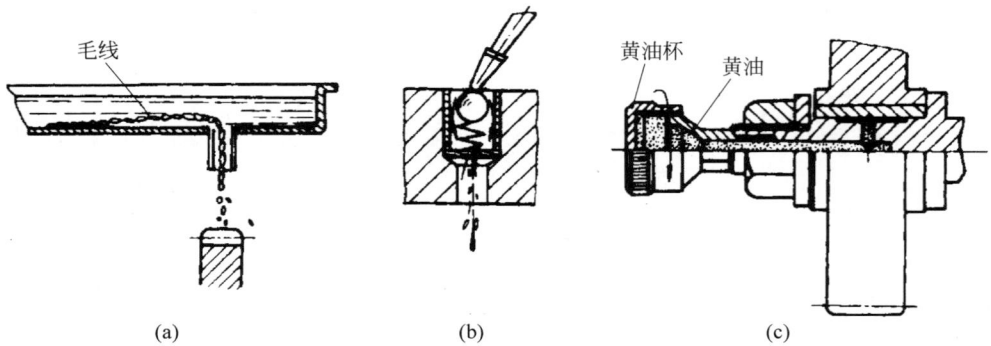

图 2-8　车床润滑的几种方式

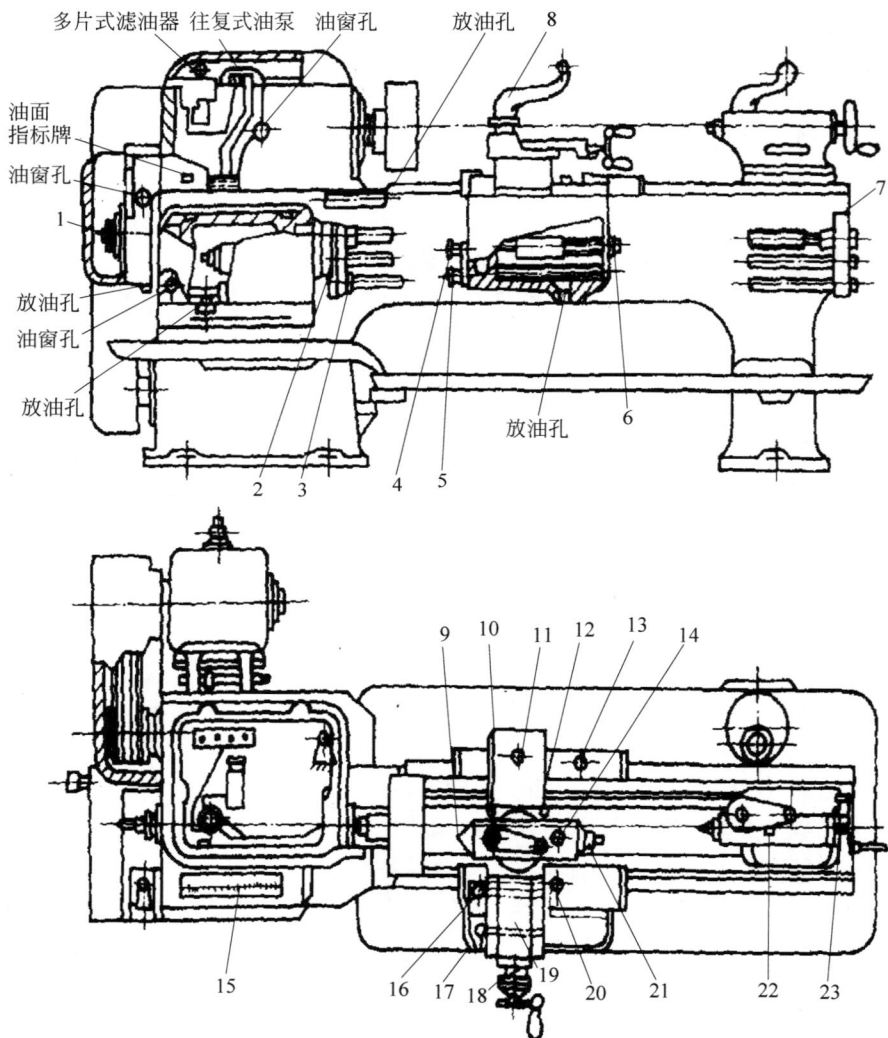

图 2-9　C620-1 型车床的润滑系统

1）主轴箱的润滑

主轴箱的储油量以油面达到油窗高度为宜。箱内齿轮采用飞溅油润滑方式，主轴后轴承用油绳导油润滑，而车床主轴前轴承等关键部位则由往复式油泵供油润滑。

主轴箱上设有一个油窗，若发现油孔内没有油输出，表明油泵供油系统出现故障，应立即停车检查，待故障排除后方可重新开动车床。

主轴箱、进给箱和溜板箱内的润滑油一般每3个月更换1次。更换时，先用煤油冲洗箱体内部，再加注新油。

2）挂轮箱的润滑

挂轮箱上的正反机构主要依靠齿轮飞溅油润滑，油面高度可通过油窗孔观察。挂轮箱换油周期同样为3个月。

3）进给箱的润滑

进给箱内的轴承和齿轮，除齿轮飞溅油润滑外，还依靠进给箱上部的储油池通过油绳导油润滑。因此，除保持进给箱油窗内油面在正常范围外，每班还需向进给箱上部的储油池加油1次。

4）溜板箱的润滑

溜板箱内的脱落蜗杆机构使用箱体内的油进行润滑，油从盖板6注入，通常加至盖板孔下沿即可。

溜板箱中其他机构则依靠上部储油池的油绳导油润滑，其润滑油需从孔16和孔17注入。

5）其他部位的润滑

床鞍、中滑板、小滑板、尾座以及光杠丝杠等轴承，通过油孔（图2-9中标注8～23和2、3、7处）加油，每班加油一次。

挂轮架中间齿轮轴承与溜板箱内的换向齿轮（图2-9中标注1、4、5处）需每周加黄油一次，平时每天可适量旋进部分黄油。

4. 车床的清洁维护保养要求

1）日常保养

每班工作结束后，应擦净车床导轨面（包括中滑板和小滑板），确保无油污、无铁屑，并及时加油润滑，保持车床外表干净、场地整洁。

2）每周保养

对车床三个导轨面及各转动部位进行清洁、润滑，保证油孔畅通、油标和油窗清晰可见。清洗护床油毛毡，并保持车床整体外表干净、场地整齐。

2.4 铣削

2.4.1 知识点

铣削是在铣床上使用铣刀对工件进行切削加工的方法。其加工范围非常广泛，主要包括以下几类：平面加工、台阶加工、斜面加工、沟槽加工、成形面加工、齿轮加工、切断加工、钻孔与镗孔。

铣削加工具有多种方式，能够适应不同的加工需求，如图2-10所示。

加工精度：铣削加工的精度通常可达 IT 9～IT 7 级。

表面粗糙度：加工后的表面粗糙度 Ra 值一般为 6.3～1.6μm。

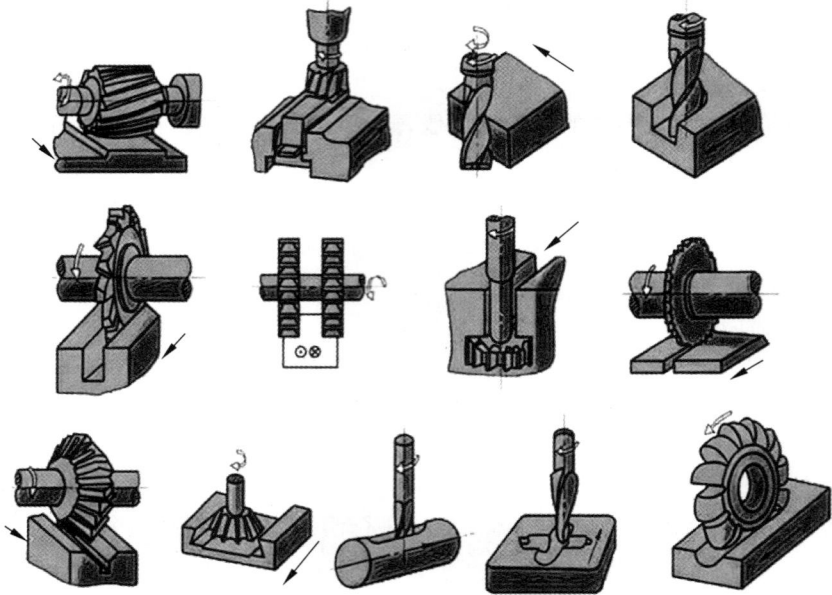

图 2-10　多种铣削加工方式

2.4.2　铣床操作要点与安全事项

1．应知部分

1）铣床知识

了解铣床的种类、型号、规格、组成部分及各部分的功能。

掌握卧式升降台铣床的结构与特点。

2）传动系统

了解铣床的传动形式及传动关系。

熟悉铣床的传动系统。

3）加工范围

了解铣床的加工范围。

熟悉铣削加工的精度和表面粗糙度要求。

4）操作注意事项

掌握铣床的操作安全注意事项。

5）铣刀知识

了解铣刀的种类、用途及安装方法。

6）分度头

掌握分度头的结构、原理及简单分度方法。

2．应会部分

1）机床操作

能熟练、准确地操纵铣床。

2）机床调整

在加工分度工件和铣螺旋结构时，能够正确调整机床。

3）刀具选择与安装

根据零件形状及加工要求，正确选择并安装刀具。

4）夹具使用

能正确使用平口钳、圆形工作台、万能铣头、压板等装夹工件的工具。

5）零件铣削

能够独立完成简单零件的铣削加工。

3. 实践安全事项

1）穿戴要求

工作时穿好工作服，扎紧袖口。女生需佩戴工作帽，严禁戴手套操作。

2）多人操作

一台机床只能由一人操作，禁止多人同时操作，注意周围人员安全。

3）开机前检查

开机前检查手柄位置及机床周围有无异常。检查旋转部件与周围环境是否有碰撞或不正常现象。

对机床进行必要的加油润滑。

4）工件与夹具

工件、刀具和夹具必须装夹牢固。

5）操作过程中

加工过程中不得离开机床。禁止测量正在加工的工件或用手触摸工件。禁止用手清除切屑，应用刷子清理。

6）转速变换

严禁在机床运转时变换铣床转速，以免发生事故。

7）异常情况

发现机床运行异常，应立即停车，关闭电源，并报告指导老师。

8）工作结束

关闭电源，清理切屑。擦拭机床、工具、量具和辅具，并加油润滑。清扫地面，保持工作环境整洁。

2.4.3 铣床的种类

铣床的种类繁多，其中最常见的类型是卧式（万能）铣床和立式铣床，两者的主要区别在于主轴的布置方式。卧式铣床的结构如图 2-11 所示。

- 卧式铣床：主轴水平设置，适合加工水平面、沟槽等工件。
- 立式铣床：主轴竖直设置，适合加工平面、孔槽等工件。

1. 卧式铣床

卧式铣床的组成部分及作用具体如下。

1）床身

作用：支承并连接各部件，保证机床结构稳定。

图 2-11 卧式铣床的结构

特点：床身顶面设有水平导轨，用于支承横梁，前侧导轨用于升降台的移动。

内部装置：主轴、主运动变速系统及润滑系统。

2）横梁

作用：在床身顶部导轨上可前后移动。

特点：用于安装吊架以支承铣刀杆，确保铣刀的稳定运行。

3）主轴

作用：带动铣刀旋转，实现切削加工。

特点：主轴为空心结构，前端带有锥孔，可安装铣刀杆和刀具。

4）工作台

作用：固定工件，支撑加工过程。

特点：工作台带有 T 形槽，可直接安装工件、夹具或附件。可沿转台导轨作纵向移动和进给。

5）转台

作用：使工作台在水平面内旋转一定角度，便于加工斜面或特定角度的工件。

特点：位于工作台与横溜板之间，通过螺钉与横溜板连接。松开螺钉后，转台可左右回转最大 $45°$。

6）纵向工作台

作用：带动台面上的工件做纵向进给。

特点：由纵向丝杠带动，在转台导轨上移动，台面设有 T 形槽用于安装夹具或工件。

7）横向工作台

作用：带动纵向工作台一起做横向进给。

特点：位于升降台顶部水平导轨上，可实现横向移动。

8）升降台

作用：调整工作台与铣刀之间的垂直距离。

特点：沿床身导轨做垂直移动，支撑和调整工作台的高度。

扩展功能：可将横梁移至床身后方，并在主轴端部安装立铣头，实现立铣加工。

2. 立式铣床

立式铣床与卧式铣床在结构和功能上有许多相似之处,但也存在以下显著区别。立式升降铣床外观如图 2-12 所示。

图 2-12 立式升降铣床外观图

1) 结构差异

立式铣床的床身没有顶导轨和横梁。立铣头位于床身的前上部,主要作用是安装主轴和铣刀。

2) 立铣头的特点

立铣头在床身与其之间通常配有一个转盘。转盘可以使主轴倾斜一定角度,从而实现铣削斜面等特殊加工。

3) 功能差异

立式铣床适用于加工平面、沟槽和轮齿等多种复杂形状的工件。它还可以用来进行镗孔操作,这是卧式铣床通常无法实现的功能。

4) 加工灵活性

立式铣床的立铣头可调整角度,使其适合于多角度加工。这种灵活性使立式铣床在加工复杂零件时更具优势。

总体来看,立式铣床的设计使其更加适合多角度、多功能的加工需求,特别是在需要倾斜面和镗孔的工件制造中具有明显优势。

2.4.4 基本技能

在铣床上,通过使用各种附件和不同类型的铣刀,可以完成多种加工操作,如铣削水平面、垂直平面和铣台阶等。铣削平面的具体步骤如图 2-13 所示。以下是主要的加工方式:

1. 铣削水平面、垂直平面

1) 水平面加工

可使用圆柱铣刀、立铣刀或端铣刀进行加工。其中,端铣刀具有较高的加工效率。由于刀杆刚性好、参与切削的刀齿数量多、切削平稳,且端面刀齿副切削刃能起到修光作用,因此工件表面粗糙度较低,刀具更耐用。端铣平面已成为平面加工的主要方法。而圆柱铣刀因

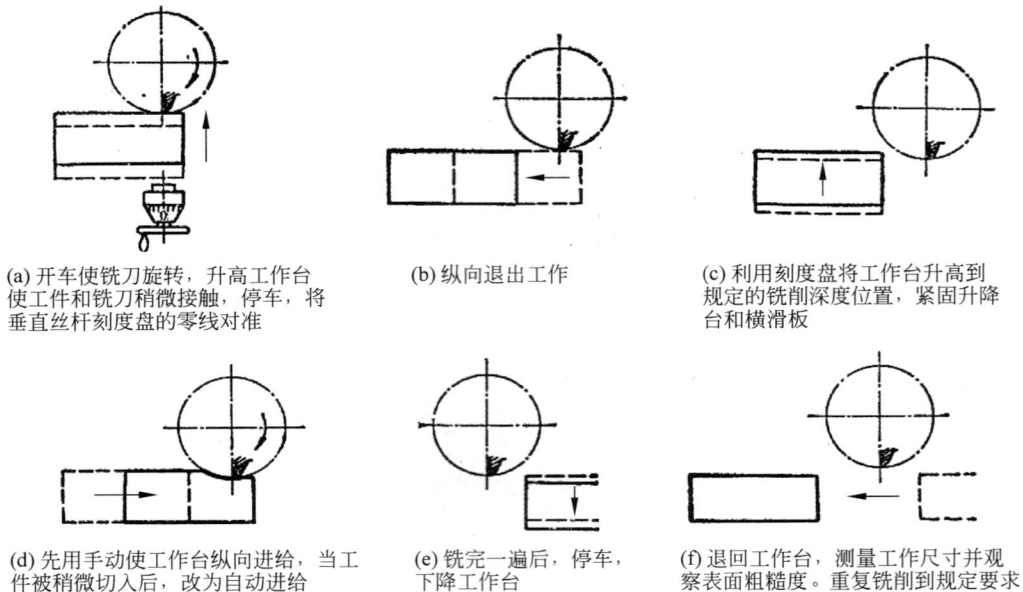

(a) 开车使铣刀旋转，升高工作台
使工件和铣刀稍微接触，停车，将
垂直丝杆刻度盘的零线对准

(b) 纵向退出工作

(c) 利用刻度盘将工作台升高到
规定的铣削深度位置，紧固升降
台和横滑板

(d) 先用手动使工作台纵向进给，当工
件被稍微切入后，改为自动进给

(e) 铣完一遍后，停车，
下降工作台

(f) 退回工作台，测量工作尺寸并观
察表面粗糙度。重复铣削到规定要求

图 2-13　铣削平面的具体步骤

适用于卧式铣床，仍在单件或小批量的小平面加工中广泛使用。如图 2-14 所示，用端铣刀铣平面。

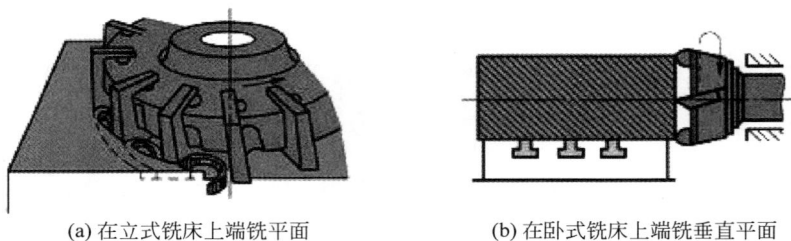

(a) 在立式铣床上端铣平面

(b) 在卧式铣床上端铣垂直平面

图 2-14　用端铣刀铣平面

2）垂直平面加工

使用立铣刀或端铣刀可实现垂直平面的加工。

2. 铣台阶

铣台阶是通过选用适合的铣刀，对工件进行台阶形状加工的一种工艺，如图 2-15 所示。

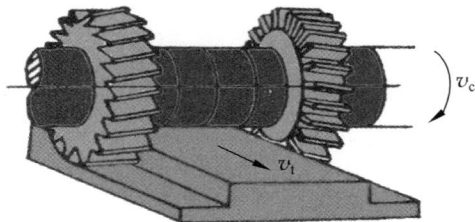

图 2-15　铣台阶

通过合理选择铣刀类型和加工方式，可以在铣床上高效、精准地完成各种复杂工件的加工任务，从而满足不同加工需求。

2.4.5 工程实践案例

1. 实践内容：仿生蜗牛模型加工

1) 项目设计思路

本项目灵感源于商店中的一款蜗牛玩具。该玩具通过偏心轮的驱动,使蜗牛的身体各部位协调前进,模拟出真实蜗牛蠕动前行的效果。

2) 加工设备

(1) C6132 车床。

(2) 普通铣床。

3) 选用刀具

(1) 车床刀具：90°外圆刀、4mm 割槽刀、球头刀。

(2) 铣床刀具：ϕ16mm 铣刀、ϕ4mm 平底铣刀。

(3) 钳工工具：各类锉刀、砂皮、板牙。

4) 设计图纸

(1) 蜗牛头部(如图 2-16 所示)。

(2) 蜗牛躯干(如图 2-17 所示)。

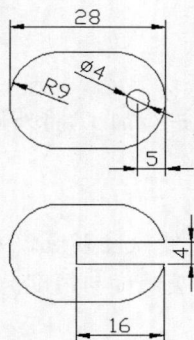

图 2-16 蜗牛头部

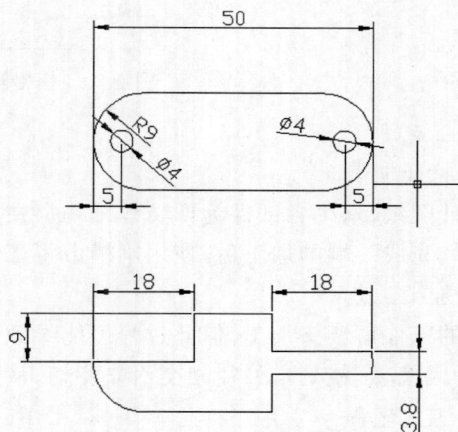

图 2-17 蜗牛躯干

(3) 蜗牛尾部(如图 2-18 所示)。

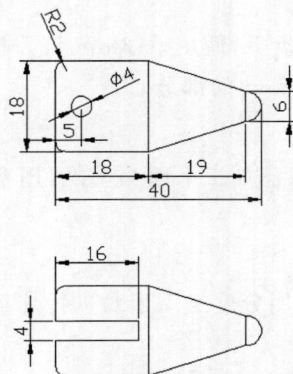

图 2-18 蜗牛尾部

（4）蜗牛壳体（如图 2-19 所示）。

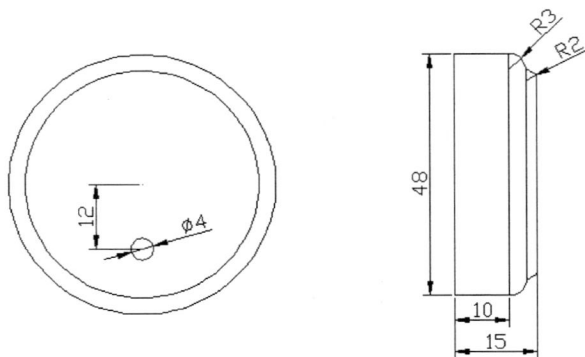

图 2-19　蜗牛壳体

（5）蜗牛触角（如图 2-20 所示）。

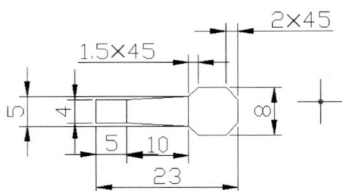

图 2-20　蜗牛触角

2. 加工工艺

1）外形特征加工

根据设计图纸，蜗牛各部件为回转体结构。在车床上对毛坯进行加工，将外形尺寸加工至图纸要求。完成一端的加工后，使用割槽刀将工件割断。

2）调头加工工艺

割断后的工件需调头加工，但此过程可能导致同轴度误差及外径接刀痕。为避免此问题，可通过增大圆弧，使其与外径相交而非相切，从而提升工件的美观度与精度。

3）铣削工艺流程

（1）头部加工。

将工件装夹在分度三爪卡盘上，使用 ϕ4mm 平底铣刀，分三次铣削出所需槽形。

（2）躯干加工。

① 将工件装夹在分度三爪卡盘上，使用 ϕ16mm 铣刀按图纸要求铣削形状。

② 旋转 180°，再铣出厚度为 4mm 的部分。

③ 使用 ϕ4mm 铣刀加工通孔。

④ 将工件装夹在平口钳中，以已加工平面为基准，用 ϕ16mm 平底铣刀加工平面，随后用 ϕ4mm 铣刀钻通孔。

（3）尾部加工。

工艺流程与头部加工相同，使用分度三爪卡盘进行加工。

（4）壳体加工。

将工件装夹在普通三爪卡盘上，用百分表找正中心后，在 Y 轴方向移动 15mm，使用

ϕ4mm 铣刀钻孔,孔深为 4mm。

通过这些工艺流程,可完成仿生蜗牛模型各部件的精准加工。

2.5　钳工

2.5.1　概述:钳工的基本操作

钳工是一种通过手持工具,对夹紧在工作台虎钳上的工件进行手工切削加工的工种,是机械制造中不可或缺的重要工艺之一。

1. 基本操作

1) 辅助性操作

辅助性操作指划线工序,即根据图样要求,在毛坯或半成品工件上划出加工界线,为后续加工做准备。

2) 切削性操作

切削性操作包括錾削、锯削、锉削、攻螺纹、套螺纹、钻孔(扩孔、铰孔)、刮削及研磨等多种加工方式。

3) 装配性操作

装配性操作指将零件或部件按照图样和技术要求组装成完整机器的工艺过程。

4) 维修性操作

维修性操作是对机械设备进行检查、维护和修理的工作。

2. 钳工工作的范围及作用

1) 普通钳工的工作范围

- 加工前准备:包括清理毛坯和在毛坯或半成品工件上划线等工序。
- 零件加工:适用于单件或小批量生产的零件,如钻孔、扩孔、铰孔、攻螺纹、套螺纹、锉削和锯削等加工操作。
- 精密加工:对零件、模具、夹具、量具等进行精密配合加工,如表面刮削、研磨、修配和抛光等。
- 装配、调试和维修:完成机器产品的组装、调试和维修工作。

2) 钳工在机械制造与维修中的作用

钳工是一项技术复杂、工艺精细、要求严格的工作。在现代机械制造中,尽管已有许多先进的加工方法,但钳工仍因其工具简单、加工灵活多样、操作便捷、适用范围广等优势,发挥着不可替代的作用。许多特殊工艺和细节加工依然需要钳工完成。

然而,钳工工作也存在劳动强度大、生产效率较低、对工人技术水平要求高等特点。因此,钳工在机械制造和维修中既具有重要性,也面临技术人员培养和工作优化的挑战。

2.5.2　钳工常用设备

1. 台虎钳

台虎钳用来安全地夹紧小工件以完成据、刮、挫、抛光、钻孔、铰孔和攻丝等操作。台虎钳安装在钳工台的边缘,台虎钳的主要作用是固定工件,方便钳工操作。台虎钳、钳工台分别如图 2-21、图 2-22 所示。

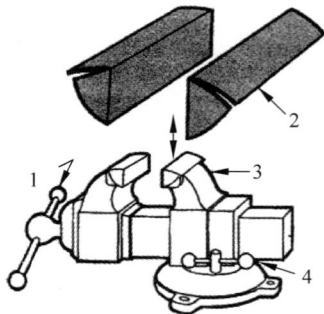

图 2-21　台虎钳

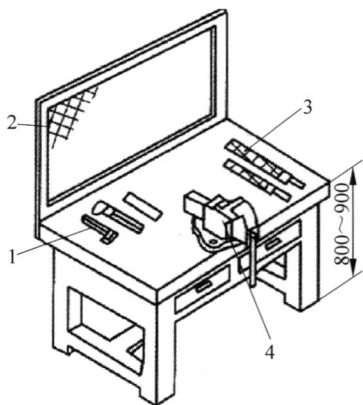

图 2-22　钳工台

台虎钳一般由铸铁或铸钢制成,规格用钳口的宽度来表示。规格有 100mm、125mm、150mm 和 200mm。台虎钳有固定基座台虎钳和转座台虎钳两种类型。转座台虎钳底部有一个转盘连着钳身底部,这个转盘允许台虎钳转动钳身到圆周上的任意位置。为了避免已加工工件或较软的材料表面损坏,使用由黄铜、铝或铜制成的钳口帽来保护工件。安装工件时,应尽可能将工件夹持在钳口的中部,以使钳口、工件受力均匀。

2. 钳工台

钳工台是钳工操作的重要设备和场地,钳工台由硬木材、钢板、角钢等组成,高度为 800～900mm,钳工台上装有台虎钳和防护网,如图 2-22 所示。

3. 钻床

钳工在加工零件时通常需要钻孔,常用的钻床有台式钻床、立式钻床、摇臂钻床和手电钻。

1) 台式钻床

台式钻床是放在工作台上使用的钻床。钻孔直径一般为 1～13mm,台钻主轴下端带有钻夹头,用来安装钻头。主轴转速通过变换三角带在带轮上的位置来调节,进给运动通过手动可使钻头上、下做直线运动。台钻常用于单件、小件加工。台式钻床如图 2-23 所示。

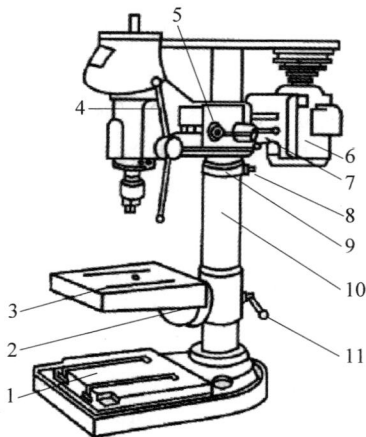

图 2-23　台式钻床

2）立式钻床

立式钻床的主轴为竖直布局，简称为立钻。其规格以加工的最大直径表示，常用的有25mm、35mm、40mm、50mm等几种。立式钻床电动机的运动通过主轴变速箱和进给箱，得到主轴所需的转速和多种进给运动。进给运动既可手动也可自动。工作台用于安装工件，可以通过手动调整升降。由于主轴相对工作台的位置是固定的，加工多孔工件时需要移动工件来完成。立式钻床如图2-24所示。

3）摇臂钻床

摇臂钻床的主轴箱能沿着摇臂导轨做水平移动，而摇臂又能绕立柱旋转360°和沿立柱上下移动，工件固定在工作台或机座上。摇臂钻床适用于大型、复杂及多孔工件上各类型的孔加工，可以方便地将刀具调整到所需的位置加工孔。摇臂钻床如图2-25所示。

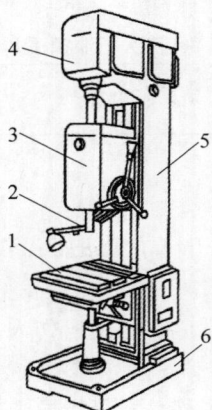

图 2-24 立式钻床

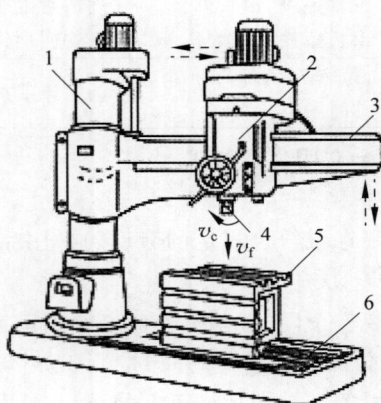

图 2-25 摇臂钻床

4）手电钻

手电钻一般用于不方便用钻床的场合，钻直径12mm以下的孔。手电钻的电源有220V和380V两种，它携带方便、操作简单、使用灵活、应用广泛。手电钻如图2-26所示。

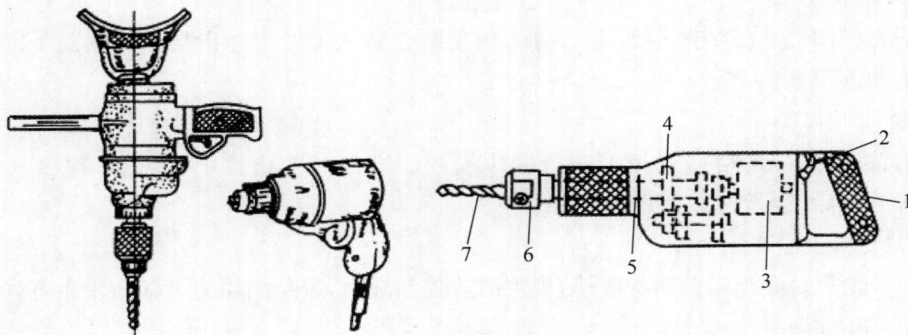

图 2-26 手电钻

2.5.3 钳工基本技能训练

1. 操作规范

钳工伤害、安全隐患及操作规范，如表2-1所示。

表 2-1 钳工伤害、安全隐患及操作规范

序号	伤害	安全隐患	操作规范
1	绞伤	头发、衣物等卷入旋转的钻头	禁止穿宽松的衣服、长头发必须用标准的安全帽保护起来；身体远离钻床的旋转部件；在起动钻床前，要脱下领带、手表和手镯，操作钻床时严禁戴手套
2	砸伤	工具、工件、錾削时的切削、拆装的零部件等易掉落	对使用的工具应检查有无缺陷、工具要按要求正确摆放、工件应该装夹牢固、注意控制切屑的飞溅方向
3	铁屑飞入眼睛	细小铁屑易乱飞	切屑用刷子清扫，不要用嘴吹、使用砂轮机时必须要戴好防护眼镜
4	划伤	工件毛刺、钻头刃、钻出长条铁屑易划伤	正确清理毛刺，用锉刀或去毛刺工具去除毛刺；长条铁屑用钩子钩断后，用毛刷清除，不要用手清除或拉断铁屑
5	触电	清洁钻床、加注润滑油时触电	清洁钻床或加注润滑油时，必须切断电源

2. 钳工安全文明生产知识

1）穿戴防护装备

实习时必须穿戴符合规定的劳动防护用品，并在指定的工作位置进行操作。

2）安装安全防护

钳台应安装安全网，錾削操作时必须佩戴防护眼镜，以防止碎屑飞出伤人。

3）及时报告故障

如发现使用的工具损坏或存在故障，应立即停止使用，并及时报告指导老师进行修理或更换。

4）清除切屑方法

锉、锯、钻等操作产生的切屑或铁渣必须用刷子清除，不得用嘴吹铁屑，避免铁屑飞入眼睛；不得用手直接清除，以防止铁刺刺伤手部。

5）锯割安全

锯割操作时，锯条的松紧要适当，防止锯条断裂后从锯弓上弹出伤人。锯割下的工件部分应防止跌落砸伤脚部。

6）钻床操作

使用钻床时，应严格遵守相关安全操作规程。操作时禁止戴手套，也不得多人同时操作。操作结束后，须及时关闭电源开关。

7）砂轮机安全

使用砂轮机时必须佩戴防护眼镜，磨削时应控制施力，避免因用力过猛而发生意外伤害。

8）工具防滑

錾子、手锤的头部和手锤木柄不得沾油，以防止工具滑脱造成伤害。

9）保持场地整洁

实习场地应保持清洁，养成文明生产和规范操作的良好习惯。

10）整理善后工作

实习结束后，应彻底清扫场地，并将所使用的工具和材料整理归位。

3. 钳工技能的学习方法与要求

1) 工具和量具的摆放

工作时,钳工工具通常放置在台虎钳的右侧,量具则放置在台虎钳的正前方,工具和量具摆放示意图如图 2-27 所示。

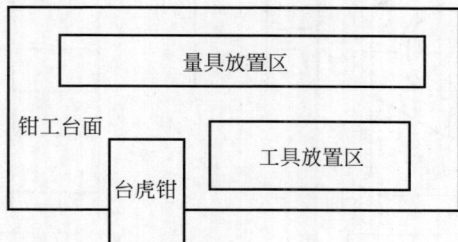

图 2-27　工具和量具摆放示意图

摆放要求如下:

- 工具应平行摆放,保持一定间距;
- 量具需平放在量具盒上;
- 当量具数量较多时,可放置在台虎钳的左侧。

2) 注意事项

- 工具与量具不得混放;
- 摆放时,工具柄部不可超出钳工台面,以免被碰落造成伤害或工具损坏;
- 工具和量具应放在规定位置,使用时要轻拿轻放,使用后需擦拭干净,做到文明生产。

3) 学习方法

钳工基本操作项目繁多,各项技能的学习和掌握具有一定的相互依赖性。因此,要求学生在学习过程中必须遵循以下学习方法和要求。

- 循序渐进:按照由易到难、由简单到复杂的顺序,逐步学习和掌握每个操作项目。
- 严格规范:在学习过程中,应严格按照操作要求进行,不能忽略或偏废任何技能环节。
- 纪律意识:自觉遵守实习纪律,保持专注,杜绝随意和散漫的行为。
- 吃苦耐劳:培养耐心和吃苦耐劳的精神,克服困难,坚持不懈地完成基本训练。

只有在严格遵守这些学习方法和要求的基础上,才能有效掌握钳工技能并顺利完成训练目标。

2.6　工程实践项目:制作六角螺母

1. 工程实践目的

(1) 提高平面锉削技能,达到规定的锉削精度。

(2) 掌握游标卡尺的测量方法,并能熟练使用外卡钳检验尺寸误差。

(3) 熟练使用万能角尺,掌握角度测量技巧。

(4) 掌握划线、钻孔及攻螺纹的方法,提高加工工艺水平。

2. 工程实践的加工件基本要求

六角螺母图纸如图 2-28 所示。

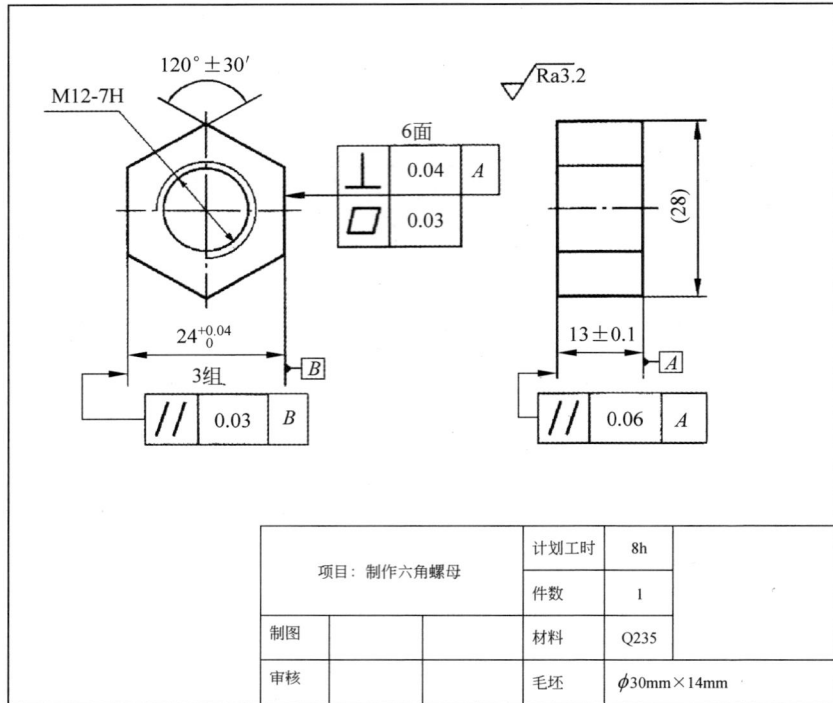

图 2-28 六角螺母图纸

（1）尺寸要求：各边长度应均等，允许误差修正范围为±0.1mm。

（2）边缘处理：加工完成后，应清除飞边，确保工件边缘整洁。

（3）加工重难点分析。

加工本项目的难点在于保证图样中的几何精度。在操作中，应注意以下几点。

① 锉削顺序与动作。

加工六面体时，要严格遵循锉削顺序，确保锉削动作正确、规范。

② 平衡各项精度要求。

加工时要避免片面追求某一指标，需统筹考虑各项精度要求：

（a）平面度与尺寸精度：不能因追求平面度而影响尺寸精度。

（b）角度与平面平行度：避免在修正角度时忽略平面度和平行度。

（c）表面粗糙度：在降低表面粗糙度的同时，确保其他精度要求不受影响。

③ 角度测量的准确性。

（a）使用万能角尺时，应正确操作并经常校对测量角度的准确性。

（b）测量时要将工件的锐边倒钝，避免影响测量结果。

④ 表面光洁度的保证。

（a）钢件锉削过程中，应定期使用钢丝刷清理锉刀齿纹内的锉屑。

（b）根据工件材料与加工要求，合理选择锉刀，确保加工表面光洁、平整。

3. 工艺卡

制作六角螺母工艺卡，如表 2-2 所示。

表2-2 制作六角螺母工艺卡

零件图号	图××	项目：六角螺母	机床型号		钻床 Z512B-2	
计划工时	8h		毛坯材料	Q235	毛坯尺寸	φ30mm×14mm
		工具、夹具表			量具表	
1	划针、划规	6	丝锥 M10、铰杠	1	游标卡尺 0～150mm、高度游标卡尺 0～300mm	
2	方箱、平板	7	平口钳	2	钢直尺、直角尺、外卡钳	
3	样冲、手锤	8	φ10.2 钻头、90° 倒角锥	3	万能角尺	
4	锉刀 300mm(1 号纹) 200mm(2～4 号纹)	9	划线液	4	M12 螺纹塞规	
5	毛刷、锉刀刷	10	润滑油	5	粗糙度样板	

工序	工步	工序内容	备注
1. 锉削(13±0.1)mm 的平行面	1	锉基准面 A。选择较平整且与轴线垂直的端面进行粗锉、精锉，达到平面度和表面粗糙度要求，并做好标记，作为基准面 A	在加工前,应对毛坯进行全面检查,了解误差及加工余量的情况,然后进行加工
	2	锉削 A 的对应面：以 A 为基准，粗精锉 A 的对应面，达到尺寸公差 13±0.1mm、平行度 0.06mm 和表面粗糙度的要求	
2. 划线	1	按图样，在 A 及 A 的对应面分别划出六角形加工界限： (1) 检查原料，测量出毛坯实际直径 d(φ30mm)； (2) 工件清理后划线表面涂色； (3) 将工件安放在 V 形铁上，调整游标高度尺至中心位置＝H(最高点)－D/2(15)，并记下中心高度的尺寸数值，如图(a)所示； (4) 再根据图样中正六边形顶点尺寸，调整游标高度尺，在工件上划出与中心线平行的 4 条直线，如图(a)所示； (5) 工件旋转 90°用直角尺找正，用上述方法划中心线，再根据图样中正六边形对边距离尺寸画出与中心线平行的两条正六边形边线，如图(b)所示； (6) 上述两个方向所划线的交点，为六边形顶点。顺次连接六边形顶点，完成六边形画线工作，如图(c)所示	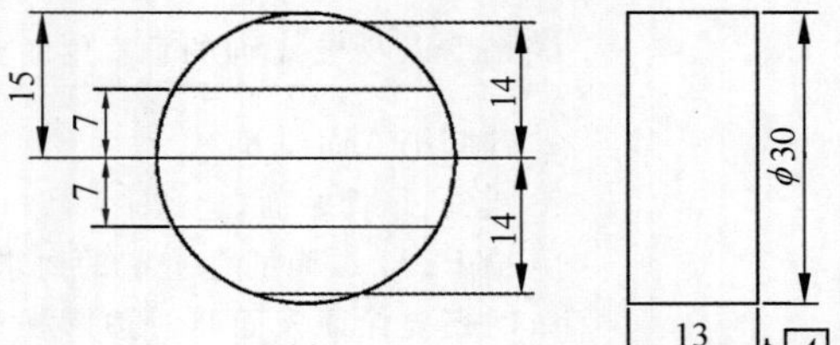 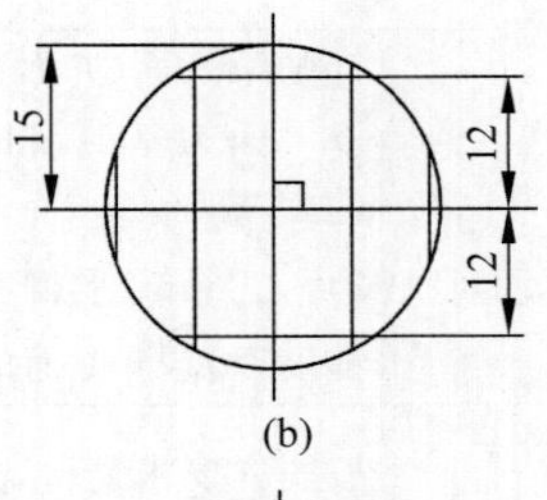 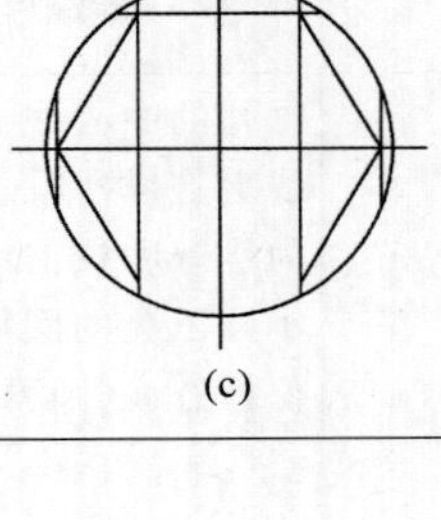

工序	工步	工 序 内 容	备 注
3. 锉六边形	1	锉削第一面(a 面),作为基准面。 粗锉、精锉 a 面,达到平面度、表面粗糙度以及与 A 面的垂直度要求外,同时要保证该面与对边圆柱母线的尺寸 $L=[(d+24)/2+0.04]$mm,并做标记,作为基准面	
	2	锉削第二面(a 面的对应面 b 面)。 以基准面 a 为基准,粗锉、精锉加工 a 面的对应面 b 面,达到尺寸公差 $24^{+0.04}_{0}$mm、平行度、平面度、表面粗糙度以及与 A 面的垂直度的要求	
	3	锉削第三面(c 面)。 粗锉、精锉 c 面,达到平面度、表面粗糙度、与 A 面的垂直度的要求外,同时还要保证该面与对边圆柱母线的尺寸 $L=[(d+24)/2+0.04]$mm	
	4	锉削第四面(d 面)。 以 c 面为基准,粗锉、精锉加工 c 面的对应面 d 面,达到尺寸公差 $24^{+0.04}_{0}$mm、平行度、平面度、表面粗糙度以及与 A 面的垂直度的要求	
	5	锉削第五面(e 面)。 粗锉、精锉 e 面,达到平面度、表面粗糙度、与 A 面的垂直度的要求外,同时还要保证该面与对边圆柱母线的尺寸 $L=[(d+24)/2+0.04]$mm	
	6	锉削第六面(f 面)。 以 e 面为基准,粗锉、精锉加工 e 面的对应面 f 面,达到尺寸公差 $24^{+0.04}_{0}$mm、平行度、平面度、表面粗糙度以及与 A 面的垂直度的要求	
4. 修整	1	按图样要求复检,并做必要的修整锉削,最后将各锐边均匀倒棱	对应边尺寸和平行度用游标卡尺测量、角度用万能角度尺测量、平面度用平板和塞尺测量、粗糙度用目测(与粗糙度样板对比)
5. 钻孔、攻螺纹	1	画孔的中心线。在孔位的十字中心线上打样冲眼。 为检查和找正钻孔位置,可按孔的大小画出孔的圆周线或大小不等的孔位检查线(圆周形或方框形)	

续表

工序	工步	工 序 内 容	备 注
5. 钻孔、攻螺纹	2	钻孔。用 $\phi10.3$mm 钻头,钻削螺纹底孔,用 90°倒角钻对孔口两端倒角至 $\phi13+0.50$ mm。钻孔前,先在中心处钻出一浅坑,并不断校正,使浅坑与画线圆同轴,注意校正必须在锥坑外圆小于钻头直径之前完成,否则很难再纠正;钻孔时,要加足够切削液	
	3	攻螺纹。用 M12 丝锥攻制 M12 螺纹。 必须以头锥、二锥顺序攻削至图样尺寸。注意检查垂直,加注切削液。 用 M12-7H 精度等级的螺纹塞规配合检查	

4. 容易产生的问题

1)加工缺陷和产生原因

六面体的加工缺陷和产生原因,如表 2-3 所示。

表 2-3 六面体的加工缺陷和产生原因

加 工 缺 陷	产 生 原 因
同一面上两端宽窄不等	(1) 与基准端面垂直度误差过大; (2) 两相对面间尺寸差值过大(平行度误差大)
六角体扭曲	各加工面有扭曲误差存在
120°角度不等	角度测量的积累误差过大
六角边长不等	(1) 120°角不等; (2) 三组相对面间的尺寸差值过大

2)攻螺纹时的问题

攻螺纹时常出现的问题和产生原因,如表 2-4 所示。

表 2-4 攻螺纹时常出现的问题和产生原因

出现的问题	产 生 原 因
螺纹乱牙	(1) 攻螺纹时底孔直径太小,起攻困难,左右摆动; (2) 换用二、三锥时强行校正,或在没旋合好时就攻下
螺纹滑牙	(1) 攻不通孔的较小螺纹时,丝锥已到底仍继续旋转; (2) 攻强度低或小孔径螺纹时,丝锥已切出螺纹仍继续加压,或攻完时连同铰杠做自由的快速转出; (3) 未加适当切削液而一直空却不反转排屑,切屑堵塞将螺纹破坏
螺纹歪斜	(1) 攻螺纹时位置不正,起攻时未进行垂直度检查; (2) 孔口倒角不良,两手用力不均,切入时歪斜
螺纹形状不完整	攻螺纹底孔直径太大

续表

出现的问题	产　生　原　因
丝锥折断	(1) 底孔太小； (2) 攻入时丝锥歪斜或歪斜后强行校正； (3) 没有经常反转断屑和清屑，或不通孔攻到底时，还继续攻下； (4) 使用铰杠不当； (5) 丝锥牙齿爆裂或磨损过多而强行攻下； (6) 工件材料过硬或掺杂过硬杂质； (7) 两手用力不均或用力过猛

5. 评分标准

六角螺母评分表，如表 2-5 所示。

表 2-5　六角螺母评分表

序号	项目与技术要求	配分	评　分　标　准	扣分	得分
1	规范操作（工件装夹、加工和测量操作姿势）	10 分	不符合要求酌情扣分		
2	尺寸 13 ± 0.1 mm	5 分	超差不得分		
3	$24^{+0.04}_{0}$ mm(3 处)	6×3 分	超差不得分		
4	平面度误差 0.03(6 面)	2×6 分	超差不得分		
5	平行度误差 0.03(3 组)	4×3 分	超差不得分		
6	平行度误差 0.06	4 分	超差不得分		
7	垂直度误差 0.04(6 面)	2×6 分	超差不得分		
8	孔的对称度误差要求 0.20(3 处)	3×3 分	超差不得分		
9	螺纹两端孔口倒角正确	2 分	根据情况酌情扣分		
10	螺纹塞规配合正确	10 分	根据情况酌情扣分		
11	表面粗糙度 Ra3.2	6 分	根据情况酌情扣分		
12	安全文明操作		违者每次扣 2 分		
	总分：	100 分	合计：		
姓名：	学号：		实际工时：	教师签字：	

第3章

电气安全、电子电气工程基础

3.1 安全用电基本常识

3.1.1 电气安全基础知识

1. 触电（Electric Shock）

人体为什么会触电？这是因为人体约三分之二的组织由含有导电物质的水分组成，因此人体本质上是良导体。触电一般分为电击和电伤两种类型。

电击：指电流通过人体，影响呼吸系统、心脏及神经系统，可能造成内部组织损害，甚至导致死亡。电击可分为直接接触电击和间接接触电击。

- 直接接触电击：人体直接接触正常运行的带电体所发生的电击。
- 间接接触电击：人体接触因电气设备故障而意外带电的部分，导致触电。

电伤：虽然不会直接致命，但仍可能造成严重伤害。

电伤主要由电流的热效应、化学效应、机械效应及电流本身的作用导致。常见的电伤包括电弧烧灼伤、电烙伤、皮肤金属化等，这些伤害会在人体皮肤表面留下明显痕迹。

通常，人们习惯将电击伤统称为触电。电击伤的主要成因是人体直接接触带电体，或者受到高压电弧放电的影响，如雷电击中或高压电接触。触电事故具有以下特点：

- 由于缺乏安全用电知识，或未严格遵守技术规范，违规作业导致事故发生。
- 触电事故在炎热或雷雨季节（如 6—9 月）发生较多。
- 低压工频电源的触电案例较为常见。

2. 电流对人体的伤害

电流通过人体后，会导致肌肉强烈收缩，引发机械性损伤。当电流路径经过心脏时，可能引起神经功能紊乱、心跳停止及血液循环中断，带来极大的危险。

电流经过心脏可能导致心室纤维性颤动，进而引发猝死。人体触电后的伤害程度受多种因素影响，包括电流种类、大小、流经路径、接触部位、持续时间，以及人体健康状况和精神状态等。

以下是一些关键影响因素。

- 电流强度：通过人体的电流越大，伤害程度越重。

- 通电时间：电流通过人体的时间越长，危险性越大。
- 电流种类：交流电对人体的损害通常比直流电更严重。研究表明，频率在 30～300Hz 的交流电最容易引起人体心室颤动。
- 电流路径：流经人体的路径决定了受伤害的严重程度。其中，从右手到左脚的电流路径最危险，因为它直接穿过心脏。

实验数据显示，不同电流路径对人体的影响有所不同，具体数据详见相关实验结果（如表 3-1、表 3-2 所示）。

表 3-1　触电伤害程度与电流途径关系的试验结果数据

流通过人体的途径	通过心脏的电流占通过人体总电流的比例（%）
从一只手到另一只手	3.3
从左手到脚	3.7(6.4)
从右手到脚	6.7(3.7)
从一只脚到另一只脚	0.4

表 3-2　电流对人体的作用

电流（mA）	作用的特征	
	交流（50～60Hz）	直　流
0.6～1.5	开始有感觉——手轻微颤抖	没有感觉
2～3	手指强烈颤抖	没有感觉
5～7	手部痉挛	感觉痒和热
8～10	手已难于摆脱带电体，但还能摆脱，指尖到手腕产生剧痛	热感觉增加
20～25	手迅速麻痹，不能摆脱带电体，剧痛，呼吸困难	热感觉大大增加，手部肌肉收缩
50～80	呼吸麻痹，心室开始颤动	强烈的热感觉，手部肌肉收缩、痉挛，呼吸困难
90～100	呼吸麻痹，延续 3s 以上则心脏麻痹，心室颤动	呼吸麻痹
300 及以上	持续作用 0.1s 以上可致心跳、呼吸停止，机体组织可因电流的热效应受到破坏	

- 感知电流：引起人的感觉的最小电流。男性为 1.1mA，女性为 0.7mA。
- 摆脱电流：触电后能自主摆脱电源的最大电流。男性为 16mA，女性为 10mA。
- 致命电流：在较短时间内会危及生命的电流。
- 在有过流保护装置时人体允许的安全工频电流为 30mA，工频危险电流为 50mA。

3.1.2　安全电压和安全电流

当人体接触带电体时，所承受的电压称为接触电压（Touch Voltage）。而安全电压是对人体不会产生严重生理反应的接触电压，其计算公式为

$$安全电压＝人体安全电流（mA）×人体电阻（kΩ）$$

接触电压越高，对人体的伤害程度也越大。一般情况下，36V 以下的电压被认为是安全电压，但在特别潮湿的环境中，安全电压应降低至 12V 或以下以减少触电风险。

1. 人体电阻

人体电阻通常在 1000～3000Ω，但受环境及接触状况的影响较大。人体皮肤的电阻变

化范围很广,特别是在角质层破损时,电阻可能降至 $800 \sim 1000\Omega$,从而大幅增加触电风险。

在实际应用中,为确保安全,计算安全电压时通常取最小人体电阻值作为基准,以适应最恶劣的环境条件。

2. 人体安全电流的确定

人体安全电流的界定通常遵循以下三大电气安全准则:

- 无感觉电流上限:人体可以长时间承受的电流,不会引起任何不适。
- 可摆脱电流上限:人体能够忍受 $20 \sim 30s$,仍然具备主动摆脱能力的电流强度。
- 心室不产生纤维性颤动的电流上限:瞬间通过人体,但持续时间不得超过 1s,否则可能危及生命。

由于人体电阻并非固定值,而且受多种因素影响,其表现为非线性元件,因此安全电流不能机械地设定为一个固定值。

对于 50Hz 工频交流电,通常认为 $15 \sim 20mA$ 以下的电流相对安全。西欧和日本的安全标准采用以下公式来界定安全电流:通过人体的电流强度 × 通电时间 = 30mA·s。

该标准由德国人柯本(Koeppen)通过事故分析与动物实验提出,已成为国际上广泛接受的计算准则。

3. 安全电压

安全电压的界限值由允许的接触电压上限确定。目前,国际上通用的安全电压数值,如表 3-3 所示。一般来说,在不同环境下,人体可承受的安全电压范围如下:

(1) 干燥环境:安全电压通常设定为 36V 以下。

(2) 潮湿环境:因人体电阻降低,安全电压应设定为 12V 或以下以减少触电风险。

(3) 极端潮湿环境(如水下作业):安全电压需进一步降低,以确保电流不会达到危险水平。

这些安全电压标准旨在最大程度降低触电风险,保障人身安全。

表 3-3　安全电压

类别	接 触 状 态	安全电压(V)
第一种	人体大部分浸于水中的状态	2.5 以下
第二种	人体显著淋湿状态 人体一部分经常接触到电气装置 金属外壳和构造物时的状态	25 以下
第三种	除第一、二种外的情况,对人体加有接触电压后,危险性高的状态	50 以下
第四种	除第一、二种外的情况,对人体加有接触电压后,危险性低或无危险的情况	无限制

我国的 12V 电压相当于第二种接触状态的 25V 以下电压。36V 相当于第三种接触状态的 36V 以下电压。

3.1.3　触电的类型

触电的类型按触电的电压高低可分为低压触电(包括单相触电、双相触电)和高压触电(包括跨步电压触电和高压电弧触电)。

1. 单相触电

1) 电源中性点接地的单相触电

人站在大地上,接触到一根带电导线(例如 W 相导线),电流从导线经人体流向大地形成回路。这时人体处于相电压下,危险较大。电源中性点接地的单相触电示意图如图 3-1(a) 所示。

通过人体电流为

$$I = 220/(R_0 + R_b) \approx 110\mathrm{mA} \gg 30\mathrm{mA}(人体允许承受电流)$$

其中,R_0 为接地电阻≤4Ω,R_b 为人体电阻,约 2000Ω。

2) 电源中性点不接地系统的单相触电

人体接触某一相时,通过人体的电流取决于人体电阻 R_b 与输电线对地绝缘电阻 R' 的大小。

若输电线绝缘良好,绝缘电阻 R' 较大,对人体的危害性就减小。若导线与地面间的绝缘可能不良(R' 较小),甚至有一相接地,这时人体中就有电流通过。电源中性点不接地的单相触电示意图如图 3-1(b)所示。

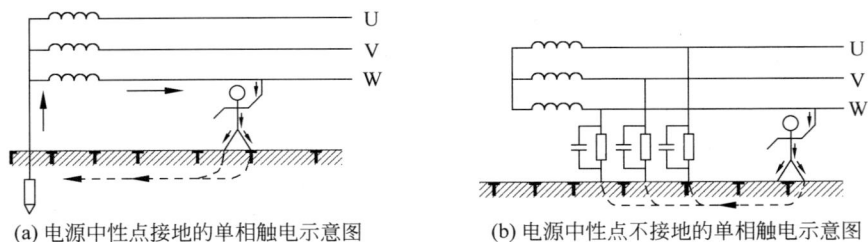

(a) 电源中性点接地的单相触电示意图   (b) 电源中性点不接地的单相触电示意图

图 3-1   单相触电示意图

2. 双相触电

当人体同时接触双相带电导线时,电流的流动路径如下:从一相导线经人体流向另一相导线,形成闭合回路。例如,当人体接触 V 相导线并同时触及 W 相导线时,电流将直接通过人体导通。这种双相触电事故极为危险,往往会造成严重后果。

在双相触电的情况下,人体承受的是线电压。假设人体电阻为 2000Ω,则通过人体的电流可根据欧姆定律计算,具体数值取决于实际的线电压。双相触电示意图如图 3-2 所示。

通过人体的电流为

$$I = 380/2000 \approx 190\mathrm{mA} \gg 30\mathrm{mA}(人体允许承受电流)$$

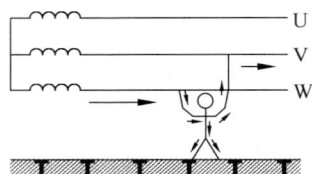

图 3-2   双相触电示意图

3. 跨步电压触电

当人站立在地面上时,两脚之间所承受的电位差称为"跨步电压"(Step Voltage)。当高压输电线路发生断线故障并导致导线接地时,由于导线与大地形成回路,电流会经导线流入地面。在接地点周围,大地表面会形成一个电位分布不均匀的强电场。

如果以接地点为中心绘制多个同心圆,则在同心圆的不同圆周位置上,电位各不相同。半径越大的同心圆,其圆周电位越低;半径越小的同心圆,其圆周电位越高。当人体靠近接地点并双脚分开站立时,双脚会踩在不同电位的地面上,从而承受一定的电位差,这一电位差即为"跨步电压"。

人体因跨步电压而触电时,电流会通过人体,导致双脚肌肉痉挛,使人失去平衡跌倒在地。而一旦跌倒,电流可能直接流经人体的重要器官,严重时可导致触电死亡。

如果不慎误入接地点附近,应保持双脚并拢或单脚跳跃离开危险区域。沿着半径方向站立时,双脚间距越大,所承受的跨步电压越高。一般情况下,在距离接地点 20m 以外,跨步电压将会降至零,从而相对安全。跨步电压分布如图 3-3 所示,跨步电压如图 3-4 所示。

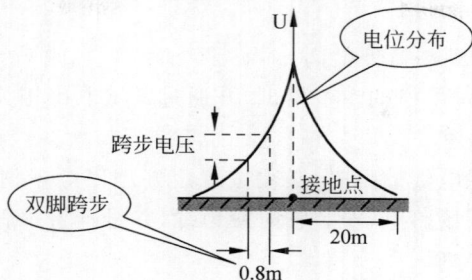

图 3-3 跨步电压分布

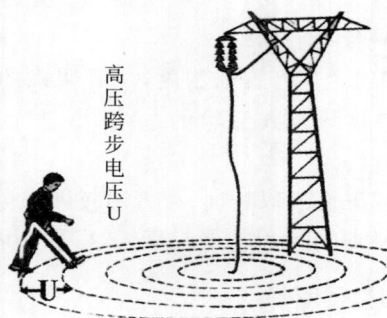

图 3-4 跨步电压

4. 高压电弧触电

高压电的电压等级远高于低压电,通常可达数十千伏甚至数百千伏。因此,当人体靠近高压带电体时,人体与高压带电体之间的空气可能被电场击穿,从而引发放电现象。这种现象会使大电流瞬间通过人体,形成电弧触电,极易造成严重伤害甚至死亡。

因此,人体不得靠近高压带电体(如高压电线),以防止空气被击穿导致危险的电弧放电事故。高压电弧触电如图 3-5 所示。

图 3-5 高压电弧触电

3.2 电工安全操作规范

3.2.1 电气安全措施

预防触电事故的措施可分为技术措施和组织措施,两者相辅相成,共同保障作业安全。

1. 技术措施

技术措施主要包括:采用安全电压、自动断电、保护接地、保护接零、加强绝缘、设置隔离屏障等。此外,禁止擅自拆除或不安装临时接地线,避免使用绝缘损坏的电焊机二次回路线,以及防止作业人员进入禁区而失去有效的安全隔离。

2. 组织措施

组织措施主要涉及作业人员的安全管理和规范操作,包括以下内容:

1）正确穿戴劳动防护用品

作业人员必须佩戴绝缘手套、穿绝缘鞋，尤其是进行电焊作业时，不可忽视个人防护，否则极易引发触电事故。

2）特种作业人员的培训与持证上岗

特种作业人员必须经过严格的专业培训，并通过考试取得相关资质后，方可上岗操作。

3）检修作业的安全管理

在检修电气设备、排除电气故障时，必须按规定办理停电申请。如涉及双路供电，应确保同时断电，并在停电后现场验电，安装临时接地线，并悬挂警示牌。

4）带电作业的安全监护

在进行带电作业或在带电设备附近作业时，必须安排专门的安全监护人。监护人的技术等级应高于操作人员，并确保操作人员严格服从指挥。此外，监护人在执行监护任务时，不得兼做其他工作，以确保作业安全。

这些安全技术操作规程和安全生产责任制度，均有明确的规定，是保障作业安全、避免事故的生命线。它们不仅是科学与实践经验的总结，更是无数事故的血泪教训所铸就的铁律。

正如一谚语所说："愚者用鲜血换取教训，智者用教训避免流血。"遵章操作是保障生命安全的基本准则，任何违章作业都可能引发严重事故，后果不堪设想。

3.2.2 安全用电的基本原则

安全用电的基本原则是：不接触低压带电体，不靠近高压带电体。为了保障人身安全，需要采取以下具体防护措施。

1. 直接接触防护

（1）防止电流通过人体任何部位，以避免触电事故。

（2）限制可能流经人体的电流，使其低于电击阈值，确保不会造成伤害。

2. 间接接触防护

（1）防止因设备故障导致的电流通过人体。

（2）限制可能流经人体的故障电流，使其小于电击电流，降低触电风险。

（3）在设备发生故障的情况下，如外露可导电部分可能带电，并导致人体触电时，应确保电路能在规定时间内自动断开，以最大程度减少危害。

3. 热效应防护

（1）确保作业环境不会因电气过热或电弧引燃可燃物，避免火灾及灼伤风险。

（2）在发生故障时，确保电路能在规定时间内自动断开电源，以防止因电流过载或短路引发事故。

严格遵守以上安全用电原则和防护措施，是预防电气事故、保障人身安全的关键。

3.2.3 接地和接零保护简介

为了人身安全和电力系统工作的需要，降低因绝缘破坏而遭到电击的危险，要求电气设备采取接地措施。按接地目的的不同，主要分为工作接地、保护接地、保护接零、重复接地等不同的安全措施，接地和接零保护总示意图如图 3-6 所示，工作接地如图 3-7 所示。

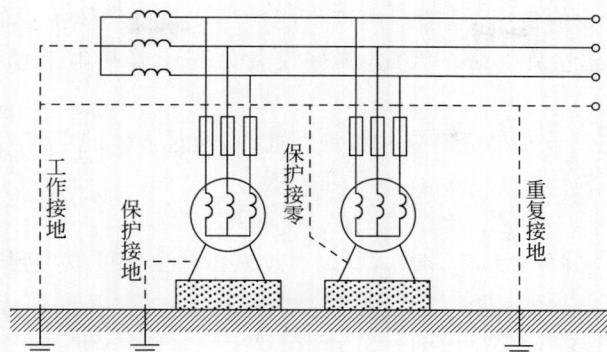

图 3-6 接地和接零保护总示意图

1. 工作接地

通常将电源中性点的接地叫作工作接地。工作接地的目的是：

(1) 降低触电电压；

(2) 迅速切断故障；

(3) 在中性点接地的系统中，一相接地后的电流较大，保护装置可迅速动作，断开故障点；

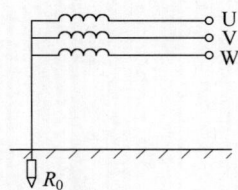

图 3-7 工作接地

(4) 降低电气设备对地的绝缘水平。

2. 保护接地

保护接地指将电气设备的金属外壳（在正常情况下应不带电）与接地体连接，以防止因设备绝缘损坏导致外壳带电，从而避免操作人员接触设备外壳时发生触电事故。

保护接地主要应用于中性点不接地的低压系统。在此类系统中，正常情况下，所有电力设备的不带电金属外露部分（除特殊规定外）均应可靠接地，以确保安全。

1) 接地装置的组成

接地装置由接地体和接地线两部分组成。

(1) 接地体：埋入地下、直接与大地接触的金属导体。

(2) 接地线：连接接地体与电气设备接地螺栓的金属导体。

接地体的对地电阻与接地线的电阻之和，称为接地装置的接地电阻。保护接地利用接地装置的分流作用，减少电流通过人体的可能性，从而降低触电风险。

2) 设备未安装保护接地的风险

如图 3-8 所示，当电气设备外壳未安装保护接地时，若设备内部发生一相碰壳故障（即设备绝缘损坏导致相线与外壳接触），则外壳将带电。一旦人体触及外壳，电流将经人体流入大地，再通过其他两相对地绝缘电阻 R' 及分布电容 C' 回到电源。

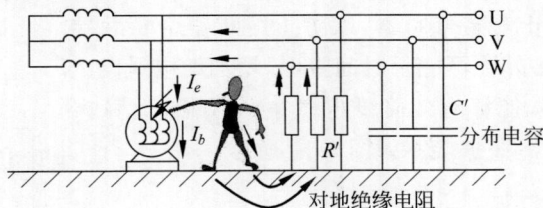

图 3-8 电气设备外壳未安装保护接地

在 R' 较低、C' 较大的情况下,泄漏电流可能达到或超过人体承受的危险电流阈值,从而导致触电事故,甚至危及生命。因此,确保设备外壳正确接地是预防触电的重要安全措施。

如图 3-9 所示,电气设备外壳有保护接地。此时,通过人体的电流为

$$I_b = I_e \frac{R_0}{R_0 + R_b}$$

上式中,R_b 与 R_0 并联,且 $R_b \gg R_0$,所以通过人体的电流可减小到安全值以内,起到了保护人身安全的作用。

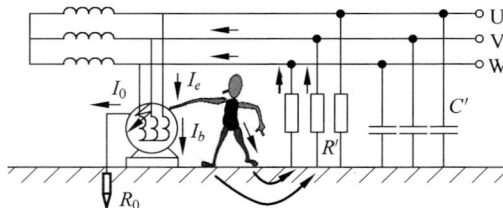

图 3-9　电气设备外壳有保护接地

3. 保护接零

保护接零(用于 380V/220V 三相四线制系统)指在电源中性点接地系统中,将电气设备的金属外壳直接与电源的中性线(零线)连接。这实际上使设备的金属外壳与大地形成了电气连接,从而提高安全性。

1) 保护接零的作用

保护接零的主要目的是防止因电气设备绝缘损坏而导致触电事故。

(1) 正常工作时,设备的金属外壳不带电,人体触及外壳等同于触及零线,不会构成触电危险。

(2) 当设备绝缘损坏,导致某一相线碰壳时,相当于该相线与电源中性线短接,形成单相短路。

(3) 由于短路电流较大,它能迅速触发保护设备(如断路器或熔断器),使故障设备从电源中断开,从而有效防止人身触电事故。

2) 注意事项

在中性点接地系统中,保护接零的实施需要遵循以下原则:

(1) 不得采用保护接地,只能使用保护接零。

(2) 同一台变压器供电系统中,不允许同时使用保护接地和保护接零,以避免形成不同电位的接地系统,增加触电风险。

(3) 中性点的工作接地必须可靠,以确保电路稳定和安全。

(4) 保护零线上禁止安装熔断器,以防止熔断器熔断后导致保护失效,使电气设备外壳可能长时间带电,增加触电风险。

合理实施保护接零,能够有效降低电气事故风险,保障人身安全和设备正常运行。保护接零如图 3-10 所示。

4. 重复接地

在三相四线制电网的电源中性线做了工作接地的系统中,

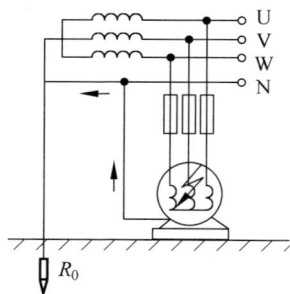

图 3-10　保护接零

为确保保护接零的可靠性,在零线上还需要相隔一定距离将中性线或接地线重新接地,此称为重复接地。

不重复接地如图 3-11 所示,可以看出,一旦中性线断线,设备外壳部分带电,人体触及同样会有触电的可能。

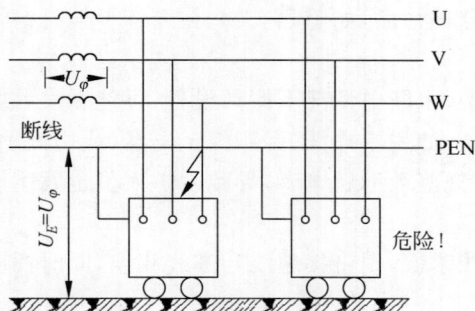

图 3-11　不重复接地

而在重复接地的系统中,即使出现中性线断线,但外壳部分因重复接地而使其对地电压大大下降,对人体的危害也大大下降。不过应尽量避免中性线或接地线出现断线的现象。重复接地如图 3-12 所示。

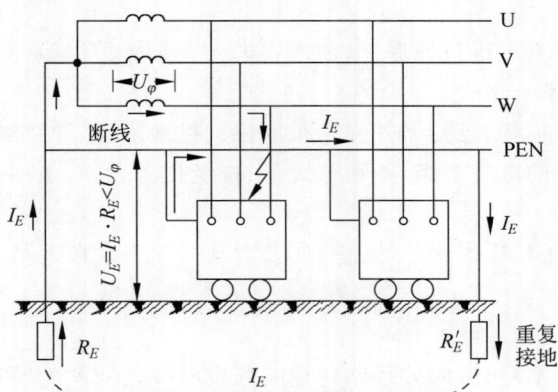

图 3-12　重复接地

3.3　触电原因及预防措施

3.3.1　触电的常见原因

1. 触电类型

触电类型分为直接触电和间接触电两种。

(1)直接触电:指人体直接接触或过分靠近带电体而发生触电事故。

(2)间接触电:指人体接触到正常情况下不带电、但因设备故障而带电的金属导体,从而导致触电。

2. 触电事故的原因

触电事故通常由以下 5 方面引起。

1) 违规操作

(1) 违反"停电检修安全工作制度",因误合闸导致维修人员触电;

(2) 违反"带电检修安全操作规程",使操作人员误触电器带电部分;

(3) 违规布线,在室内随意拉设电线,增加触电风险;

(4) 在电线上或附近悬挂物品,如晾晒衣物、在电杆上拴牲畜,或在高压线附近打鸟、放风筝等,均易造成触电;

(5) 带电移动电器设备,未断电情况下搬动设备,可能引发触电;

(6) 错误操作电气设备,如用水冲洗、湿布擦拭电器,或用湿手接触带电设备;

(7) 违章施救,因不按规范救助触电者,导致救护人员也发生触电事故。

2) 施工不规范

(1) 电源保护接地接线错误,误将接地线与零线相连,同时插座火线、零线位置接反,导致设备外壳带电;

(2) 插头接线不合理,电源线裸露,容易触碰造成触电;

(3) 照明电路中线接触不良或保险装置不当,导致中线断开,引发家用电器绝缘损坏;

(4) 线路敷设不合规范,导致金属物搭接带电;

(5) 随意更换保险丝规格,使用过大规格的保险丝,导致短路保护失效,可能引发设备绝缘损坏和触电事故;

(6) 施工时未按要求进行接地保护,使设备失去安全防护措施。

3) 用电设备质量不合格

(1) 设备内部绝缘损坏,且金属外壳未采取保护接地措施,导致触电;

(2) 劣质材料制造的电气产品,绝缘等级低、抗老化能力差,使用过程中易发生故障,引发触电事故;

(3) 使用不合格的工具或绝缘设施,在带电作业时,维修人员因绝缘防护不到位而触电。

4) 线路架设不合格

(1) 线路安全距离不足,室内外线路对地距离或导线之间的间距小于允许值,增加触电风险;

(2) 通信、广播线与电力线间距过近或共杆架设,导致绝缘层损坏,可能引发触电事故;

(3) 违规采用"一线一地"制送电,为节省材料而采用不规范供电方式,增加触电隐患。

5) 偶然环境因素

(1) 高压电力线突发断裂,导致行人触电;

(2) 恶劣天气影响,如狂风吹断树枝砸落电线,导致电缆损坏并引发触电;

(3) 雨水进入电器,使电器机壳带电,导致用户触电。

触电事故的发生往往源于违规操作、施工不规范、用电设备质量不合格、线路架设不合格及偶然环境因素等。严格遵守安全用电规定,规范施工与操作,使用合格设备,增强安全意识,才能有效预防触电事故,保障人身安全。

3.3.2　预防触电的措施

预防触电事故的关键在于采取有效的防护措施,特别是在防止直接触电方面。常见的预防措施包括绝缘、屏护、安全间距及使用安全特低电压等。

1. 预防人身直接触电

1）绝缘措施

绝缘是利用绝缘材料封闭带电体，以防止人体直接接触电流。良好的绝缘不仅是确保电气设备和线路安全运行的基础，也是防止触电事故的重要手段。

（1）绝缘材料。

根据化学性质，绝缘材料可分为以下几类。

① 无机绝缘材料：云母、石棉、大理石、瓷器、玻璃、硫黄等，主要用于电机、电器绕组绝缘、开关底板及绝缘子等；

② 有机绝缘材料：虫胶、树脂、橡胶、棉纱、纸、麻、人造丝等，通常用于制造绝缘漆、导线包覆层等；

③ 混合绝缘材料：由无机、有机材料加工而成，常用于电气设备的底座、外壳等。

常见绝缘材料的性能指标包括：绝缘强度、抗张强度、比重、膨胀系数等。

（2）绝缘材料击穿的三种基本形式。

① 热击穿：绝缘材料在电压作用下产生泄漏电流，导致发热。如果发热量超过散热能力，绝缘电阻降低，泄漏电流增大，最终导致击穿。

② 电击穿：在强电场作用下，绝缘材料内部的少量自由电子发生碰撞游离，形成更多传导电子，使电流迅速增大，最终引发击穿。

③ 电化学击穿：绝缘材料因长期受腐蚀气体、潮湿、粉尘、机械损伤等影响而老化，最终失去绝缘能力。

（3）防止绝缘材料击穿的措施。

① 保持绝缘材料干燥，避免受潮；

② 定期清理绝缘表面，防止积尘影响绝缘性能；

③ 避免纤维、油污等杂质污染绝缘材料；

④ 检查绝缘表面是否有裂纹、放电痕迹，确保绝缘完好；

⑤ 保持材料表面光洁，防止老化、脆裂或破损；

⑥ 确保绝缘材料具有良好的弹性，防止长期使用后硬化失效；

⑦ 运行时不得产生异常气味，如有异味，需立即停机检查。

2）屏护措施

屏护措施指通过安装遮栏、护罩、护盖、箱闸等，使带电体与外界隔离，从而消除触电风险。该措施适用于绝缘不便安装或绝缘不足以确保安全的场合。

（1）需要屏护的场所。

① 带电设备的可动部分，如闸刀开关的胶盖、铁壳开关的铁壳等；

② 人体可能接近或触及的裸导线，如行车滑线、母线等；

③ 高压设备，无论是否有绝缘措施；

④ 安装在可能接触区域的变配电装置；

⑤ 在带电体附近作业的区域，应在作业人员与带电体之间设立可移动的临时屏护装置。

（2）屏护方式。

① 屏蔽：防止人体无意识或有意识地触及或过分接近带电体；

② 障碍：设置物理阻挡，以防止人员无意识触碰或靠近带电体。

（3）常见的屏护装置。

常见的屏护装置包括遮栏、护罩、护盖、栅栏等。例如：

① 电器设备的绝缘外壳；

② 变压器的金属网罩、金属外壳、遮栏；

③ 变电站的围栏等。

所有金属材质的屏护装置，必须可靠接地或接零，以避免意外带电引发触电事故。

3）安全间距措施

（1）安全间距的必要性。

安全间距是通过物理距离来防止人体、车辆、设备过分接近带电体，以减少触电风险。这一措施适用于：

① 防止人体触及或靠近带电体；

② 避免车辆或设备碰撞带电体；

③ 降低火灾、过电压放电及短路事故风险；

④ 确保操作方便、安全。

（2）影响安全间距的因素。

① 电压等级：电压越高，安全距离要求越大；

② 设备类型：不同设备的电磁场强度和安全要求不同；

③ 环境条件：湿度、风速、污染程度等都会影响间距要求；

④ 安装方式：架空线路需要考虑气温变化、风力影响、冰雪负荷等因素。

（3）安全间距的规定。

常见的安全间距规定，如表 3-4～表 3-6 所示。

① 架空线路的安全间距分为对地距离、导线间距、交叉跨越距离。

② 高压设备的安全间距分为变压器、配电柜的安全安装距离、设备的间距。

③ 作业人员的安全间距分为电力作业人员在带电环境下操作时的最小安全距离、高压设备附近作业的安全范围。

表 3-4   导线与建筑物的最小距离

电压等级/kV	1 以下	10	35～110	220	330
垂直距离/m	2.5	3.0	4.0	6	7
水平距离/m	1.0	1.5	3.5	6	7

表 3-5   导线与地面或水面的最小距离   （单位：m）

线路经过地区	电压等级				
	1kV 以下	10kV	35～110kV	220kV	330kV
居民区	6	6.5	7	7.5	8.5
非居民区	5	5.5	6	6.5	7.5
不能通航或浮运的河、湖（至冬季水面）	5	5	5.5	6	7
不能通航或浮运的河、湖（至 50 年一遇的洪水水面）	3	3	3	3.5	4.5
交通困难地区	4	4.5	5	5.5	6.5

表 3-6　导线与树木的最小距离

电压等级/kV	1 以下	10	35～110	154～220	330
最大垂直距离/m	1.0	1.5	4.0	4.5	5.5
最大风偏距离/m	1.0	2.0	3.5	4.0	5.0

这些数据是一般情况下的要求,实际应用中可能还需要根据具体的环境、规范等因素进行调整。例如,在一些特殊地形或有特殊要求的区域,距离可能会有所增加。总之,预防触电事故需要从绝缘、屏护、安全间距等方面采取多重防护措施。

• 绝缘是最基本的防护手段,保证电气设备的安全运行。
• 屏护可以有效隔离带电体,防止人员误触。
• 通过合理规划安全间距,可以降低意外接触的风险,确保人员和设备的安全。

严格执行这些安全措施,是保障电气安全、预防事故的关键。

2. 预防人身触及意外带电体的基本措施

为防止因设备故障或意外情况导致人体接触带电体,间接接触防护应采取以下适当措施。

① 自动断开电源:在电气故障或漏电时,快速切断电源,防止触电事故。

② 双重绝缘结构:确保设备不仅有基本绝缘,还具备附加绝缘层,以增强安全性。

③ 安全特低电压(SELV):使用安全电压供电,降低触电风险。

④ 电气隔离:通过变压器或隔离装置,使带电部分与人体或其他设备电气隔离。

⑤ 不接地的局部等电位连接:减小电位差,降低触电危险。

⑥ 不导电场所:在特殊环境中采用不导电材料,使人体与带电体保持隔离。

⑦ 保护接地(配合"自动断开电源"使用):将电气设备的金属外壳接地,以便在故障时迅速切断电源,防止触电。

3. 家庭安全用电常识

1)合理规划家用电力需求

使用大功率家电(如大型空调等)前,应向供电部门申请扩容,确保电力系统能够安全承载负荷。家用电度表(通常安装在户外)出线侧必须安装漏电保护装置(开关),以防止漏电事故。

2)选用合格安全的电器和电线

使用符合国家标准的电器设备,杜绝使用劣质产品。确保电器的绝缘部分完好无损,避免因老化、受潮等因素降低绝缘性能。电线截面应匹配电器功率,防止因过载引发线路过热或短路。

3)正确使用熔断器和保护装置

选择与电线负荷匹配的保险熔丝,确保短路保护功能有效。当保险丝烧断或漏电保护开关跳闸时,必须查明原因后再恢复供电,禁止用导线直接短接或强行送电。

4)正确安装与识别电线

相线(火线)必须进入开关,照明开关应安装在火线上,确保断开时设备不带电。

电线标识清晰,接线方式规范如下。

① 相线(火线):应接在插座右侧。

② 中性线(零线):应接在插座左侧。

③ 保护接地线：三孔插座的保护接地端应接至专用保护接地线，不得与零线混用。

5）严禁错误接地方式

不得将接地线接到自来水管、煤气管道上，以免发生漏电危害。带金属外壳的电器（如冰箱、洗衣机等）应采用三脚插头与三孔插座，确保金属外壳接地，避免因双脚插头导致接地缺失。

6）维修、检修注意事项

① 更换熔丝或维修电器前，必须先断开电源，确保安全后再进行操作。

② 使用完毕或移动电器时，应及时切断电源（如电熨斗、电吹风、电炉等）。

7）禁止违规操作

① 不能随意用铜丝代替熔断丝，以免因过载失去保护作用。

② 使用电器时，先插上不带电侧插座，最后合上刀闸或插入带电侧插座；断电时应相反，先切断带电侧电源，再拔出插头。

③ 严禁使用"一线一地"供电方式，必须采用规范的三线制供电。

8）防止湿手或水源接触电器

① 不得用湿手触摸电器，也不要用湿布擦拭带电设备，防止漏电伤害。

② 家用电器或电线起火时，应先断开电源后再灭火，切勿直接用水扑灭，以防触电或短路爆炸。

严格遵守这些安全用电常识，能有效预防电气事故，保障家庭和人身安全。

3.3.3　现场急救

1. 现场抢救触电者的原则

现场触电急救的基本原则可概括为八个字：迅速、就地、准确、坚持。在触电事故发生后，正确、及时的抢救措施对挽救生命至关重要。

1）迅速

在所有条件相同的情况下，触电时间越长，心室颤动乃至死亡的风险越大。此外，触电者可能因肌肉痉挛或失去意识，紧握带电体无法自行脱离电源。因此，发现有人触电时，应立即采取一切可行措施，使其迅速脱离电源，这是提高救生率的关键因素。

实施抢救的人员必须保持冷静，确保自身安全，精准迅速地让触电者脱离电源，争分夺秒地展开救援。

2）就地

抢救必须就地进行，不可盲目将触电者长途运送至医院，以免错过最佳抢救时机。

抢救时间直接影响触电者的生存率：5min 以内进行抢救，救生率可达 90%；10min 以内进行抢救，救生率降至 60%；超过 15min 才开始施救，生存希望极为渺茫。

因此，在现场附近就地展开抢救，才是提高存活率的正确做法。

3）准确

抢救过程中，实施人工呼吸、心肺复苏等急救措施时，必须确保手法准确、动作规范，以达到最佳抢救效果。错误的急救方法不仅可能延误救治，甚至会加重伤情。

4）坚持

只要存在一丝生还希望，就应全力抢救，绝不轻易放弃。无论触电者是否有明显生命体征,都应持续实施科学、有效的急救措施,直至专业医疗人员接手或确认无法挽回。

触电急救必须遵循"迅速脱离电源、就地施救、确保手法准确、坚持到底"的原则,以最大程度提高触电者的生还概率。

2. 抢救触电者的步骤

1) 迅速使触电者脱离电源

如图 3-13 所示,当发现有人触电时,首要任务是迅速让触电者脱离电源,以防止电流继续通过人体造成更严重的伤害。

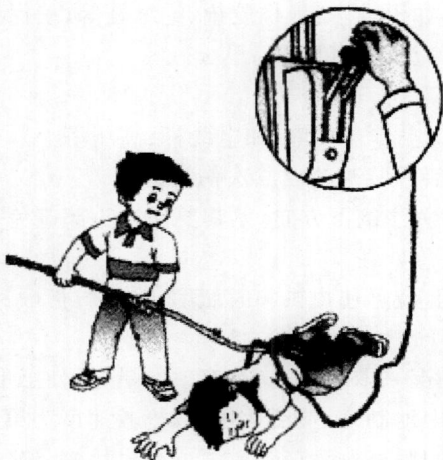

图 3-13 使触电者脱离电源

通常有两种方法可以使触电者脱离电源。

(1) 立即断开电源。

如果电源开关或插头在触电地点附近,应立即拉开开关或拔出插头,切断电流。但需要注意:

① 拉线开关或手动开关通常只控制一根导线,可能只断开零线而未真正切断电源,因此要确保完全断电。

② 对于远离电源开关的情况,可使用带绝缘柄的电工钳或干燥木柄的斧子等工具切断电线,以防触电者继续带电。

(2) 使用绝缘物移开触电者或带电导线。

如果无法立即断开电源,而触电者仍与带电体接触,可采取以下方法。

① 若导线搭落在触电者身上,或触电者压住导线、靠近带电体,可使用干燥的衣物、手套、绳索、木板等绝缘物作为工具,将触电者拉开或移开导线。

② 若触电者的衣物是干燥的,且未紧紧缠绕身体,可抓住衣服后襟将其拖离带电体。但不得用衣服蒙住触电者,也不得直接用手拉触电者的身体或接触金属物品,以防二次触电。

③ 若有绝缘良好的工具(如橡胶手套、绝缘棒等),救护人员也可抓住触电者的双脚,将其拖离带电区域。

④ 若触电者倒在地上,可用木板等绝缘材料插入其身下,以阻断电流。

2）救护触电者脱离电源时的注意事项

在实施救护过程中，必须遵循"保护自己，救护他人"的原则，避免因救援不当导致救护者自身触电。

（1）救护人员自我保护。

① 保持冷静，避免慌乱操作造成失误或自身触电。

② 避免接触金属物体或触电者裸露的皮肤，防止电流通过救护人员。

③ 不得直接用手接触触电者，也不可使用无绝缘工具进行救援。

④ 站在绝缘体上施救，如干燥木板、橡胶垫、绝缘鞋等，确保自身安全。

⑤ 尽量使用单手操作，减少触电风险。

（2）高空触电防护。

① 若触电事故发生在高空作业环境（如电线杆、高压塔上），在使触电者脱离电源时，必须采取防坠措施，避免脱电后因坠落造成二次伤害。

② 在平地触电时，也需关注倒下方向，尤其要保护头部避免受伤。

（3）夜间触电事故的紧急处理。

若触电事故发生在夜间，应迅速提供临时照明，确保救援顺利进行，并防止事故扩大。

（4）灵活施救，争分夺秒。

现场救护应根据具体情况采取最迅速、最有效的措施，使触电者尽快脱离电源。救护措施不拘泥于固定方式，而应因地制宜，灵活运用，以抢救速度为第一原则。

触电事故现场，第一时间脱离电源至关重要。断电优先，绝缘救援，确保自身安全，快速行动，是抢救触电者的核心准则。

3）转移触电者

在成功使触电者安全脱离电源后，应迅速将其转移至通风、凉爽的环境，以利于其恢复。具体措施如下。

（1）让触电者仰卧，可平躺在木板或地板上，确保身体稳定。

（2）松解紧身衣物，如领口、领带、上衣、裤带、围巾等，以避免对呼吸造成阻碍，帮助触电者顺畅呼吸。

（3）避免触电者受二次伤害，确保其身体姿势舒适，减少因姿势不当带来的额外损伤。

4）进行意识判断

（1）判断意识状态。

若触电者神志清醒，但感到心慌、四肢麻木、全身乏力，或曾短暂昏迷但未完全失去意识，应让其静卧休息，密切观察呼吸和脉搏的变化。

此期间，禁止触电者站立或走动，以减少心脏负担，防止因血压不稳导致晕厥或加重病情。

（2）快速意识判断（5 秒法则）。

若触电者神志不清，应在 5s 内进行意识判断：

- 呼叫伤员，观察是否有反应；
- 轻拍肩膀，测试是否仍有意识；
- 禁止摇晃头部，以防颈部损伤。

若触电者无任何反应，说明已失去意识，应立即展开抢救并呼救援助。

（3）立即求助，拨打 120 急救电话。

呼叫在场人员协助抢救，同时迅速拨打 120 急救电话或通知附近医疗单位。在通话时，应清晰准确地说明以下信息：

- 事故发生地点（精确到具体位置，方便救护车到达）；
- 受伤人数（触电者的具体数量）；
- 事故发生时间（有助于医生评估伤情）；
- 触电者当前情况（是否昏迷、呼吸是否正常、是否有烧伤等）；
- 现场救护措施（已采取的急救措施，如人工呼吸、心肺复苏等）；
- 联系人姓名及电话，确保急救人员能迅速回拨确认信息。

等待对方复述信息，确认无误后再挂电话，确保急救人员接收到完整准确的信息。对触电者的意识判断如图 3-14 所示。

触电者仰躺　　　　　意识判断

图 3-14　对触电者的意识判断

（4）判断呼吸和心跳。

当触电伤员失去意识时，应在 10s 内采用看、听、试的方法判断其呼吸和心跳情况。

- 看：观察伤员的胸部和腹部是否有起伏动作。
- 听：将耳朵贴近伤员的口鼻处，倾听是否有呼吸声。
- 试：用手感受口鼻处是否有气流。

此外，可用两根手指轻触伤员喉结旁凹陷处（一侧颈动脉），检查是否有搏动。如果伤员既无呼吸又无颈动脉搏动，可判定其呼吸心跳已停止。呼吸和心跳判断如图 3-15 所示。

呼吸、心跳判定　　　　　检查大动脉是否跳动

图 3-15　呼吸和心跳判断

（5）检查瞳孔状态。

如果伤员瞳孔散大，可能表明大脑供血严重不足，此时需尽快采取急救措施。检查瞳孔状态如图 3-16 所示。

（6）医生到来前的应急措施。

无论触电者情况如何，都应立即呼叫医生救治。在医

正常　　　　瞳孔放大

图 3-16　检查瞳孔状态

生到来之前,应根据触电者的具体状况采取适当的急救措施。

① 触电者仍有意识。

若触电者曾短暂昏迷或长时间触电,应让其舒适地躺在木板上,并盖好衣物保暖。在医生到来前,保持安静,持续观察其呼吸状况和脉搏。

② 触电者皮肤严重灼伤。

- 脱衣处理:小心地脱下或剪开衣物和鞋袜,避免进一步伤害。
- 避免感染:灼伤部位通常较脏,容易感染化脓,因此不得直接接触伤口。救护人员不可在伤口上涂抹油膏、油脂或护肤油。
- 包扎伤口:应用无菌纱布或消毒亚麻布覆盖伤口。包扎前,不得刺破水泡,也不可随意擦除烧焦的衣物碎片。若需要清除,应使用锋利剪刀剪下。

③ 触电者失去知觉。

若仍有稳定的呼吸和脉搏:
- 让其舒适地躺在木板上,解开衣物和腰带,确保空气流通。
- 若可能,可让其闻氨水或轻洒冷水于面部,以刺激苏醒。

若出现呼吸困难:
- 当伤员呼吸微弱、出现痉挛或伴有喘息声,应立即进行人工呼吸和心脏按压。

若无生命特征(疑似假死):
- 即便触电者呼吸和心跳完全停止,也不应立即判断其死亡,因可能出现假死现象。
- 此时,必须立刻实施心肺复苏(CPR),以争取抢救时间。

确保采取迅速、正确的急救措施,为触电者争取宝贵的抢救机会。

3.4　常用电子元器件、常用电工测量仪表

基本电子元器件是构成电子电路的基础。了解常用元器件的电性能、规格型号、组成分类及识别方法,用简单的测试方法判断这些元器件的好坏,是选择、使用电子元器件的基础,也是组装、调试电子电路必须具备的技术技能。常用的电子元器件有电阻器、电容、电感、电位器、变压器、三极管、二极管、集成电路芯片(IC)等。就安装方式而言,可分为传统安装(DIP)和表面安装两大类(SMT 或 SMD)。

3.4.1　电阻器

电阻器,简称电阻,通常用"R"表示,是电子设备中最常见的基础元器件之一。它在电路中起到限流、分流、降压、分压、负载及匹配等重要作用。

电位器是一种可调节阻值的电阻元器件,通常具有三个引出端,其阻值可按照特定规律进行调节。它通常由电阻体与转动或滑动系统组成,通过一个可移动的触点在电阻体上滑动,从而在输出端产生与位移量呈一定关系的电阻值或电压。

1. 图形符号

电阻器和电位器在电路中均用字母"R"表示。常见电阻器、电位器图形符号如图 3-17 所示。

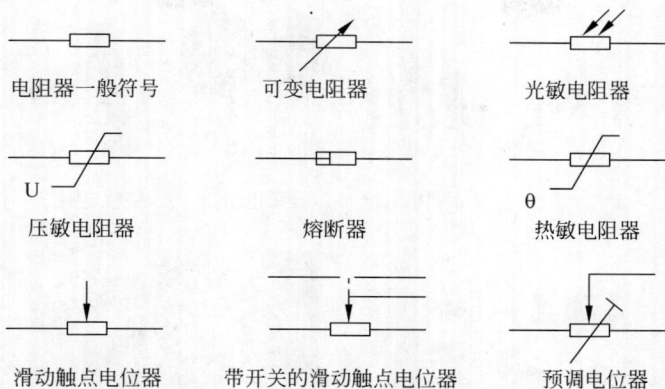

图 3-17 常见电阻器、电位器图形符号

2. 电阻器型号命名方法

国产电阻器的型号由四部分组成(不适用敏感电阻)。

1) 主称

用字母表示,表示产品的名字。如 R 表示电阻,W 表示电位器。

2) 材料

用字母表示,表示电阻体用什么材料组成,T-碳膜、H-合成碳膜、S-有机实心、N-无机实心、J-金属膜、Y-氮化膜、C-沉积膜、I-玻璃釉膜、X-线绕。

3) 分类

一般用数字表示,个别类型用字母表示,表示产品属于什么类型。1-普通、2-普通、3-超高频 、4-高阻、5-高温、6-精密、7-精密、8-高压、9-特殊、G-高功率、T-可调。

4) 序号

用数字表示,表示同类产品中不同品种,以区分产品的外型尺寸和性能指标等。例如:RT11 型普通碳膜电阻。

3. 电阻器的分类

电阻器按其结构可分为三类,即固定电阻器、可变电阻器(电位器)和敏感电阻器。按组成材料的不同,又可分为碳膜电阻器、金属膜电阻器、绕线电阻器等。电阻器、电位器的外形图如图 3-18 所示。

4. 电阻器的参数及标注方法

电阻器的参数包括标称阻值及其允许误差、额定功率、额定电压、最高工作电压、老化系数、电压系数、温度系数、噪声等,通常考虑的有标称阻值、额定功率和允许误差等。对有特殊要求的电阻,还要考虑它的温度系数、噪声系数、稳定性和高频特性。

电阻器的标称阻值是电阻器上标注的名义阻值,而实际阻值可能会与标称阻值存在一定的偏差。阻值允许误差是实际阻值相对于标称阻值的最大允许偏差范围,通常以百分比表示。

阻值误差通常用±X%表示,例如 1kΩ ±5%,表示该电阻的实际阻值可能为 950~1050Ω。

误差代码 F、G、J、K 等常见的误差范围是 0.1%、0.5%、0.25%、1%、2%、5%等。普通电阻器阻值误差分三个等级:允许误差小于±5%的称为 Ⅰ 级,允许误差小于±10%的称为 Ⅱ 级,允许误差小于±20%的称为 Ⅲ 级。表示电阻器的阻值和误差的方法有直标法、文字符

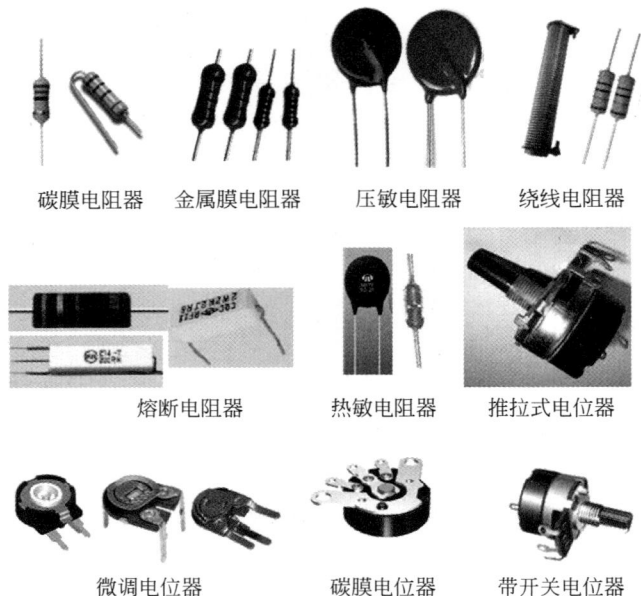

碳膜电阻器   金属膜电阻器   压敏电阻器   绕线电阻器

熔断电阻器   热敏电阻器   推拉式电位器

微调电位器   碳膜电位器   带开关电位器

图 3-18   电阻器、电位器的外形图

号法、数码法、色环标志法。

直标法是将电阻的阻值和性能参数用数字或字母直接标注在电阻体上,如体积较大的金属膜电阻。

例如,某金属膜电阻上标注"4.7kΩ 1%",表示该电阻的阻值为 4.7kΩ(4700Ω),误差范围为 ±1%。

再如,电阻上标有"220Ω 5%",则意味着该电阻的标称阻值为 220Ω,误差范围为 ±5%。

有时,直标法还会使用字母代替小数点,如"3K3"表示 3.3kΩ(3300Ω),"1R5"表示 1.5Ω,以避免小数点模糊不清。

如图 3-19 所示,色环标志法是在电阻体上用不同颜色的色环来表示电阻器的阻值和误差。用色环标志法表示电阻时,根据阻值的精密情况又分为两种:一是普通型电阻,电阻体上有四条色环,前两条表示数字,第三条表示倍乘,第四条表示误差。例如,有一只色环电阻,其第一色环为红,第二色环为红,第三色环为黑,第四色环为金,则电阻阻值为 $22 \times 10^0 = 22(\Omega)$,允许误差为 ±5%。二是精密型电阻,电阻体上有五条色环,前三条表示数字,第四条表示倍乘,第五条表示误差。例如有一五环电阻,其色环颜色分别为黄、紫、黑、红、棕,则其阻值为 $470 \times 10^2 \Omega = 47k\Omega$,允许误差为 ±1%。

3.4.2   常用电工测量仪表

1. 万用表

万用表又称多用表、三用表,是集多功能与多量程于一身的直读式测量仪表佼佼者。它如同一位全能的电学侦探,轻松应对各种电学参数的测量挑战。一些高级万用表还能测量电容量、电感量、音频电平,甚至是晶体管的共发射电流放大系数等复杂电参数,满足专业领域的精准需求。

颜色	第一色环	第二色环	第三色环	倍乘数	误差
黑	0	0	0	10^0	
棕	1	1	1	10^1	$\pm 1\%$
红	2	2	2	10^2	$\pm 2\%$
橙	3	3	3	10^3	
黄	4	4	4	10^4	
绿	5	5	5	10^5	$\pm 0.5\%$
蓝	6	6	6	10^6	$\pm 0.25\%$
紫	7	7	7	10^7	$\pm 0.1\%$
灰	8	8	8	10^8	
白	9	9	9	10^9	
金				10^{-1}	$\pm 5\%$
银				10^{-2}	$\pm 10\%$
无色					$\pm 20\%$

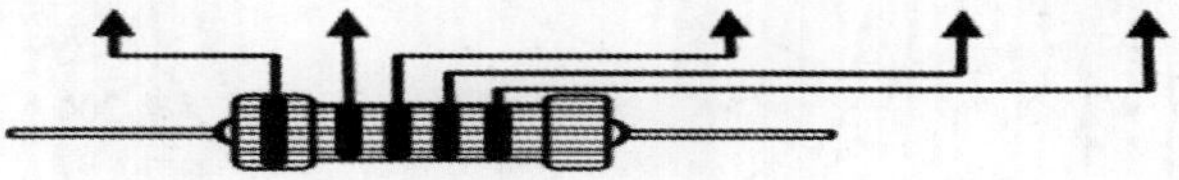

图 3-19　电阻的色环标志法

在实际应用中,万用表凭借其广泛的测量范围和直观易读的特性,成为电子工程师、电工以及电学爱好者们不可或缺的得力助手。无论是家庭电路的故障排查,还是实验室里的精密测量,万用表都能大显身手,迅速提供准确的数据支持。

万用表家族中还有两位"佼佼者":一是基于磁电式微安表头的指针(模拟)万用表,它以经典的指针跳动,直观地展示测量结果,给人一种复古而可靠的信赖感,特别适合在需要快速判断或环境光线较暗的场合使用;二是基于 AD 转换的电压表头的数字式万用表,它以数字显示,精确到小数点后几位,让测量更加精准无误,尤其适合对精度要求极高的科研实验和精密制造领域。

1) 主要特点
- 测量精度高。
- 采用数字显示,没有人为读数误差。
- 测量速度快,读数时间短,一般可达 2～5 次/s。
- 输入阻抗高,一般可达 10MΩ,可用来测量内阻高的型号电压。
- 采用大规模集成电路,体积小,重量轻,抗干扰性能好,过载能力强。
- 不能迅速观察出被测量的变化趋势,这是其不足之处。

2) 测量功能
数字万用表主要用来测量直流电压、直流电流、交流电压、交流电流以及电阻等。此外还可用来检查半导体二极管的导电性能,测量晶体管的电流放大系数 h_{FE} 和检查线路通断。DT890 型数字万用表的面板图如图 3-20 所示。

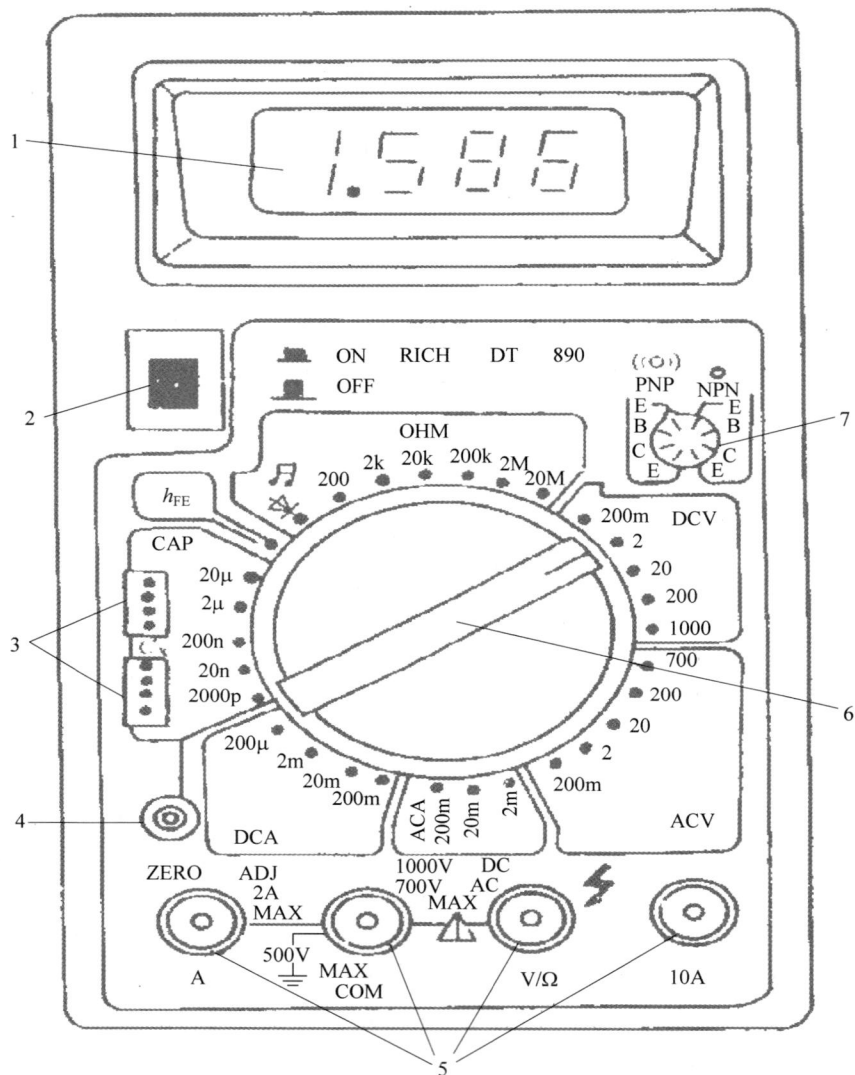

1—显示器 2—开关 3—电容插口 4—电容调零器 5—插孔 6—选择开关 7—h_{FE} 插口

图 3-20 DT890 型数字万用表的面板图

3) 数字式万用表的使用

电压测量:将红表笔插入"V/Ω"括孔内,将转换开关旋转至合理的挡位(应注意被测电压是交流还是直流)。测量时把两表笔(可不分正负)并联在持测电压的两点上,在显示屏上即可读出被测电压数值。若红表笔接被电压酌正极,则显示屏所显示的数字带负号。

电流测量:将红表笔插入"mA"或"20A"插孔,根据被测量合理选择直流挡位及量程;再把数字式万用表串联接入被测电路中,显示屏上即可显示出被测量的数值。

电阻的测量:将黑表笔插入"COM"插孔,红表笔插入"V/Ω"插孔;将转换开关置于"Ω"范围适当量程;仪表与被测电阻并联,显示屏上即可显示出电阻值。

电容的测量：将转换开关置于"F"范围合适量程；将被测电容两脚插入"CX"插孔（不用表笔）即可读数。

三极管 h_{FE} 的测试：首先将转换开关置于 h_{FE} 位置；将已知 PNP 型或 NPN 型晶体管的三只引脚分别插入万用表面板右上方对应位置显示器将显示出 h_{FE} 近似值。

4）数字万用表使用的注意事项

（1）阅读说明书：

在使用前,请务必仔细阅读使用说明书,确保正确、安全地操作仪表。

（2）稳定读数：

刚进行测量时,仪表显示可能会跳动,请等待显示值稳定后再进行读数。

（3）量程选择：

若无法预先估计被测量电压或电流的大小,请先拨至最高量程进行一次测量,然后根据实际情况逐渐调整到合适的量程挡。

（4）过载指示：

若仪表最高位仅显示数字"1",其余位均不显示,表明仪表已过载,此时应选择更高的量程挡进行测量。

（5）测量后处理：

测量完毕后,请将量程开关拨至最高电压挡,并关闭电源,以防下次测量时不慎损坏仪表。

3.5　焊接技术

3.5.1　焊接常用工具——电烙铁

在电子工业领域,焊接技术的应用极为广泛。它无须复杂的设备或高昂的费用,便能将多种电子元器件精准地连接在一起。焊接是电子产品装配中不可或缺的重要环节,每个焊点的质量都直接关系到整个电子产品的性能与可靠性。因此,焊接技术堪称确保电子产品质量的关键所在。深入理解焊接的原理,熟练掌握焊接工具与材料的特性,并精通最基本的焊接操作技艺,是踏入电子世界大门的首要一步。

焊接过程中会用到尖嘴钳、偏口钳、平口钳、剥线钳、镊子、螺丝刀等工具辅助进行焊接。但最主要的手工焊接工具是电烙铁。其作用是加热焊料和被焊金属,使熔融的焊料润湿被焊金属表面并生成合金。电烙铁是电子产品装配过程中必不可少的工具。

1. 电烙铁的结构

常见的电烙铁主要分为直热式、感应式、恒温式和吸锡式几种类型。其中,直热式电烙铁又可分为内热式和外热式两种。

直热式电烙铁的典型结构主要包括发热元件（俗称烙铁芯）、烙铁头、手柄和接线柱。发热元件由镍铬发热电阻丝缠绕在云母、陶瓷等耐热绝缘材料上构成,用于产生热量。

内热式与外热式电烙铁的主要区别在于发热元件的位置：外热式的发热元件位于传热体外部,而内热式的发热元件则位于传热体内部。

烙铁头通常由紫铜材料制成,其主要功能是存储和传导热量。烙铁头的温度必须显著高于被焊接物体的温度,以确保焊接效果。烙铁头的温度与体积、形状、长度等因素密切相关。一般来说,体积较大的烙铁头能够保持更长时间的热量。此外,为适应不同的焊接需求,烙铁头的形状也多种多样,常见的有锥形、凿形、圆斜面形等。

手柄通常由实木或胶木制成,其设计必须合理,否则可能因温升过高而影响操作舒适性。

接线柱是发热元件与电源线的连接部位。一般电烙铁有三个接线柱,其中一个用于连接金属外壳。在接线时,应使用三芯线将外壳连接到保护零线上,以确保安全。直热式电烙铁结构图如图 3-21 所示。

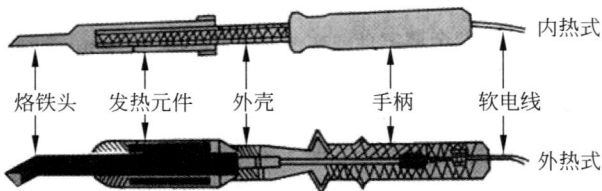

图 3-21 直热式电烙铁结构图

恒温电烙铁头内部,配备了带磁铁式的温度控制器,它通过控制通电时间来实现精准的温度调控。当电烙铁接通电源,电流通过,烙铁的温度迅速上升。当温度攀升至预定值时,强磁体传感器达到居里点,磁性瞬间消失,这一变化使得磁芯触点断开,电源与电烙铁的连接中断,供电停止。

随着时间推移,烙铁温度逐渐下降,一旦低于强磁体传感器的居里点,强磁体立即恢复磁性,产生强大的磁力,吸动磁芯开关中的永久磁铁,促使控制开关的触点重新接通,电源再度向电烙铁供电。这一过程不断循环,如同一位精准的管家,持续监测和调整电烙铁的温度,确保其始终稳定在设定范围内,实现了对温度的高效控制。

2. 电烙铁的使用要求

电烙铁使用时的握法有三种:反握法、正握法、握笔法。反握法就是用五指把电烙铁的柄握在掌内。此法适用于大功率电烙铁,焊接散热量较大的被焊件。正握法使用的电烙铁也比较大,且多为弯形烙铁头。握笔法适用于小功率的电烙铁,焊接散热量小的被焊件,如焊接收音机、电视机的印制电路板及其维修等。电烙铁的握法如图 3-22 所示。

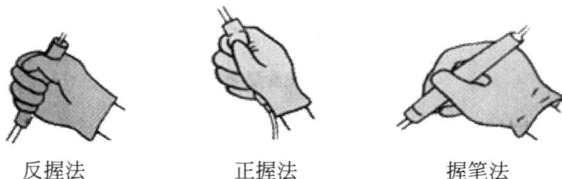

反握法   正握法   握笔法

图 3-22 电烙铁的握法

由于烙铁头是用纯铜制成的,容易被焊锡腐蚀或氧化,因此新烙铁头不能直接使用,必须先进行处理。

处理方法如下:

(1) 去除氧化层:使用前,先用砂布打磨烙铁头,去除其表面的氧化层,露出均匀、平整的铜表面。

(2) 镀锡处理:将烙铁头安装好并通电,同时在木板上铺一层砂布,并在砂布上放少量松香。待烙铁头达到足够温度后,将其放在松香中来回摩擦,直到整个烙铁头表面均匀地挂上一层焊锡为止。需要注意的是,烙铁头通电后应立即蘸松香,否则其表面会再次氧化。

如果烙铁头使用一段时间后,表面因焊锡腐蚀变得凹凸不平,或者因氧化而"烧死"(不再吃锡),这将影响热量传递,导致烙铁头虽然很热,但无法焊上元件。此时,可采用以下方法处理。

- 锉平烙铁头:用锉刀将烙铁头的头部锉平,使其恢复平整。
- 重新镀锡:按照新烙铁头的处理方法,重新进行镀锡处理。

此外,在使用烙铁前或更换烙铁芯时,必须检查电源线与地线的连接是否正确。建议使用三芯电源插头,并确保接地线正确连接到烙铁的外壳上。如果接地线接错,可能会导致烙铁外壳带电,不仅会危及人身安全,还可能损坏焊接电路中的元器件。

3.5.2　手工焊接的基本方法

1. 五步焊接法

在电子小产品的少量生产,电器维修人员进行维修工作和电子学习实验时都离不开手工焊接,五步焊接法是一种初学者掌握手工锡焊技术的基本训练方法,在被焊件固定好后,通常左手拿锡焊丝,右手拿电烙铁,即可对被焊件进行焊接。手工焊接的具体步骤如下。五步焊接法如图 3-23 所示。

图 3-23　五步焊接法

(1) 准备施焊:烙铁头和焊锡靠近被焊工件并定准位置,处于随时可以焊接的状态,此时必须保持烙铁头干净,即可以沾上焊锡。

(2) 加热焊件:将烙铁头放在工件上进行加热,注意加热方法要正确,烙铁头应接触热容量较大的焊件,这样可以保证焊接工件和焊盘充分加热。

(3) 熔化焊锡:将焊锡丝放在工件上,熔化适量的焊锡。在送焊锡过程中,可以先将焊锡接触烙铁头,然后移动焊锡至与烙铁头相对的位置,这样做有利于焊锡的熔化和热量的传导。此时注意焊锡一定要润湿被焊工件表面和整个焊盘。

(4) 移开焊锡丝:待焊锡充满焊盘后,迅速拿开焊锡丝。此时注意熔化的焊锡要充满整个焊盘,并均匀地包围元件的引线。待焊锡用量达到要求后,应立即将焊锡丝沿着元件引线的方向向上提起。

(5) 移开烙铁:焊锡的扩展范围达到要求后,拿开烙铁,注意撤烙铁的速度要快,注意移开烙铁的方向应该是大致 45° 的方向。

上述过程,对一般焊点而言大约 3s。对于热容量较小的焊点,例如印制电路板上的小焊盘,有时用 3 步法概括操作方法,即将上述步骤 2、3 合为一步,步骤 4、5 合为一步。

2. 手工焊接操作技巧和质量标准

1) 焊接注意事项

(1) 焊件进行表面处理。

手工焊接中遇到的焊件是各种各样的电子元器件和导线,除非在规模条件下使用"保鲜期"内的电子元器件,一般情况下,遇到的焊件都需要进行表面清理,去除焊接面上的锈迹、油污等影响焊接质量的杂质。手工操作中常用机械刮磨或酒精擦洗等简易的方法进行清理。

(2) 元件引线进行镀锡。

镀锡就是将要进行焊接的元器件引线或导线的焊接部位预先用焊锡湿润,一般也称为上锡。镀锡对手工焊接(特别是电路维修和调试)来说是必不可少的。

(3) 助焊剂不要过量使用。

适量的焊剂是必不可少的,但不要认为越多越好。过量的焊剂易造成焊接后焊点周围清洗的工作量,而且延长了加热时间(因为松香熔化、挥发带走了热量),降低了工作效率,若加热时间不足,非常容易将松香夹杂到焊锡中形成"夹渣"缺陷。合理的助焊剂量应该是松香水仅能浸湿将要形成的焊点,不要让松香水透过印制板流到元器件面或插座孔里。若使用有松香芯的焊锡丝,则基本上不需要再涂助焊剂。

(4) 烙铁头要经常擦蹭。

因为在焊接过程中烙铁头长期处于高温状态,又接触助焊剂等受热分解的物质,其铜表面很容易氧化形成一层黑色杂质,这些杂质形成了隔热层,使烙铁头失去了加热作用,因此要随时在烙铁架上蹭去杂质,用一块湿布或者湿海绵随时擦蹭烙铁头。

(5) 焊盘和元器件加热要有焊锡桥。

所谓焊锡桥,就是靠烙铁上保留少量的焊锡作为加热时烙铁头与焊件之间传热的桥梁。由于金属液体的导热效率高于空气,在手工焊接时为了提高烙铁头加热的效率,需要形成热量传递的焊锡桥,使元器件很快被加热到适合焊接的温度。

(6) 焊接时间与焊料用量控制。

从加热焊料到焊料熔化并流满焊盘,应在3s内完成。若焊接时间过长,助焊剂完全挥发,失去了助焊剂的作用,会造成焊点表面粗糙氧化。若焊接时间太短,则焊点达不到焊接所需的温度,焊料不能充分熔化,易造成虚焊。同样,焊料的多少在焊接时也要控制。若焊料过多,则多余的焊锡会流入管座的底部,降低管脚之间的绝缘性;若使用焊料过少,则被焊接件与焊盘不能良好结合,机械强度不够,易造成开焊。焊盘上焊料多少的控制,以焊接后焊锡将整个上锡位置及零件脚包围、焊点整体圆满、光滑、无针孔、无松香渍、形成圆锥形为宜。焊锡量的控制如图3-24所示。

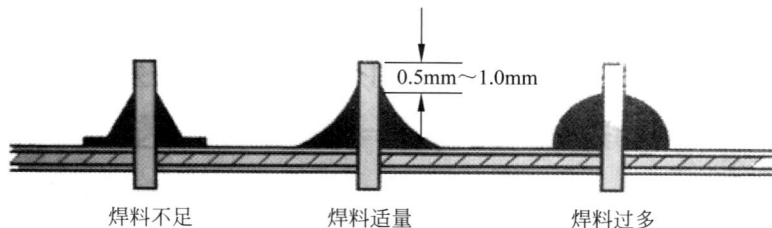

图 3-24　焊锡量的控制

焊料不足　　　焊料适量　　　焊料过多

2) 焊点合格的标准

合格的焊点如图3-25所示。

(1) 焊点有足够的机械强度:为保证被焊件在受到震动或冲击时不致脱落、松动,就要求焊点要有足够的机械强度。为使焊点有足够的机械强度,一般可采用把被焊元器件的引线端子折弯后再焊接的方法,但不能用过多的焊料堆积,这样容易造成虚焊及焊点之间的

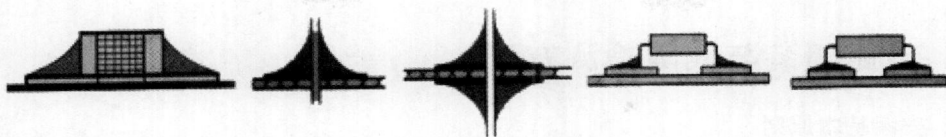

图 3-25 合格的焊点

短路。

（2）焊接可靠并保证导电性能：焊点应具有良好的导电性能，必须要焊接可靠，防止出现虚焊。

（3）焊点表面整齐、美观：焊点的外观应光滑、圆润、清洁、均匀、对称、整齐、美观，充满整个焊盘并与焊盘大小比例适合。

满足上述三个条件的焊点，才算是合格的焊点。判断焊点是否符合标准，可从以下几方面考虑：

- 焊锡充满整个焊盘，形成对称的焊角。
- 焊点外观光滑、圆润，对称于元器件引线，无针孔、无沙眼、无气孔。
- 焊点干净，见不到焊剂的残渣，在焊点表面应有薄薄一层焊剂。
- 焊点上没有拉尖、裂纹和夹杂质。
- 焊点上的焊锡要适量，焊点的大小要和焊盘相适应。
- 同一尺寸的焊盘，其焊点大小、形状要均匀、一致。

3）焊接质量的检查

电子产品的焊接是同电路通断情况紧密相连的。一个焊点要能稳定、可靠地通过一定的电流，没有足够的连接面积和稳定的组织是不行的。为了保证焊接质量，一般都要进行检查。焊接质量检查主要是通过目视检查和手触检查来发现问题。

（1）目视检查。

目视检查就是从外观上检查焊接质量是否合格，目视检查的主要内容如下。

① 是否有错焊、漏焊、虚焊。

② 有无连焊，焊点是否有拉尖现象。

③ 焊盘有无脱落，焊点有无裂纹。

④ 焊点外形润湿是否良好，焊点表面是否光亮、圆润。

⑤ 焊点周围是否有残留的焊剂。

⑥ 焊接部位有无热损伤和机械损伤现象。

（2）手触检查。

在外观检查中发现有可疑现象时，采用手触检查。主要是用手指触摸元器件有无松动、焊接不牢的现象；用镊子轻轻拨动焊接部件或夹住元器件引线，轻轻拉动观察有无松动现象。

手触检查的主要内容如下。

① 导线、元器件引线和焊盘、焊锡是否结合良好，有无虚焊现象。

② 引线和导线根部是否有机械损伤。

③ 检查焊点接合处是否有裂缝，元件有无松动等现象。

3.6　电路组装与故障检测方法

1．安装基本原则

1）安装顺序的原则

（1）先小后大（先装表面贴装器件，后装大体积电容/变压器）。

（2）先低后高（卧式元器件→立式元器件→带散热片器件）。

（3）先里后外（从 PCB 中心向外围安装）。

（4）先易后难（普通元器件→特殊元器件）。

（5）先一般后特殊（常规元器件→传感器等敏感器件）。

2）元器件的安装顺序

（1）卧式元件、IC 插座、SMD（Surface Mounted Devices，表面贴装器件）。

（2）立式元器件、中小功率器件支架。

（3）大容量电容/变压器等大型元器件。

（4）传感器类敏感元器件。

（5）连接导线。

2．元器件方向规范

1）无极性元器件

（1）标记/色环朝上（电阻/电容/电感等）。

（2）水平安装时标记从左至右排列。

（3）垂直安装时标记从下至上排列。

2）极性元器件

（1）严格按照 PCB 极性标识安装。

（2）电解电容、二极管等需确认极性方向。

3．引线处理要求

1）引线长度

（1）穿过焊盘后保留≥2～3mm。

（2）焊接完成前禁止剪断引线。

2）成型规范

（1）距元件本体≥2mm 处开始弯折。

（2）弯曲半径≥引线直径的 2 倍。

4．功率器件安装

1）安装间距

（1）＜1W 器件：直接贴板安装（须确保下方无裸露导线）。

（2）≥1W 器件：距板面≥2mm（确保散热空间）。

2）散热处理

（1）散热片与元器件接触面涂导热膏。

（2）功率器件与其他元器件保持≥5mm 间距。

5．装配间距要求

1）安全距离

元器件间距≥1mm（常规环境），高压元件间距按规范倍增。

2）隔离措施

相邻元器件间距不足时：

① 采用绝缘套管/云母片隔离。

② 调整安装角度/位置。

③ 优先选用贴片封装。

6. 多引脚元件安装

1）预安装处理

使用专用校直工具整理引线，确保所有引脚与插孔中心对齐。

2）典型器件处理

（1）IC插座：先焊接对角定位脚。

（2）接插件：使用辅助固定支架。

（3）多pin连接器：分阶段焊接（先两端后中间）。

焊接完成后需进行二次检查，重点确认元件方向、安装高度、引脚长度等关键参数是否符合工艺要求。

3.7　实践训练项目

3.7.1　焊接练习

1. 实践训练目的和要求

（1）了解焊接的基本知识。

（2）掌握焊接的基本技能，焊接步骤和顺序，手工焊接的技巧。

（3）了解拆焊的基本知识。

（4）掌握拆焊的基本技能。

2. 实践训练的设备和器件

（1）焊接电路板。

（2）电阻、电容、二极管、三极管、集成电路模块、单芯导线。

（3）焊锡丝、松香。

（4）焊接工具一套：电烙铁、剪刀、镊子等。

3. 实践训练的内容

（1）修正烙铁头。

（2）电阻、电容元器件在电路板上的焊接。

（3）单芯导线在电路板上的焊接。

（4）二极管、三极管在电路板上的焊接。

（5）电阻、电容元器件在电路板上的拆焊。

4. 实践训练的步骤

（1）将单芯导线剪成等长导线段，分别两端弯曲弧度后插装在电路板焊接孔内。

（2）将烙铁头清理干净，进行预热。

（3）按照五步焊接法，将导线焊接在电路板焊接面上，时间控制在3s内。

（4）将烙铁放回烙铁架上。

（5）将待焊电阻插装在焊接电路板插装面。

（6）按照五步焊接法，将电阻焊接在电路板焊接面上；放回烙铁。

（7）将待焊电容插装在焊接电路板插装面并在焊接面进行焊接。

（8）将二极管、三极管插装在焊接电路板并在焊接面进行焊接。

（9）拔掉烙铁电源，用剪刀减去元器件过长的引脚。

（10）重新插上烙铁电源，预热后和镊子配合，按照拆焊方法将电路板上电阻、电容元器件拆掉。

3.7.2　实训项目：音乐门铃

1．实训目的、要求

音乐门铃实物图如图 3-26 所示，要求如下所示。

（1）学习焊接的基本知识，焊接实践训练。

（2）学习和掌握焊接的基本技能，掌握焊接步骤和顺序，掌握手工焊接技巧。

（3）实操手工焊接训练。

（4）学习和了解拆焊的基本知识，掌握拆焊的基本技能。

（5）实操手工拆焊练习。

2．制作工具及材料

（1）音乐门铃焊接套件。

（2）焊接工具一套：电烙铁、烙铁支架、剪刀、镊子、十字螺丝刀、斜口钳等。

（3）焊锡丝、松香、万用表。

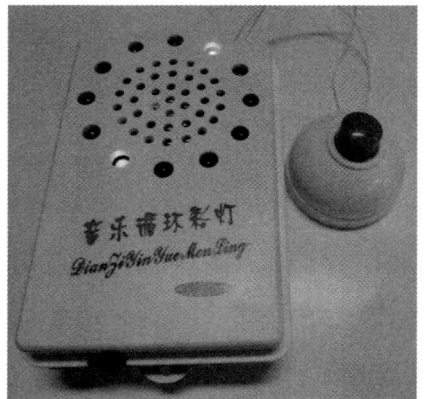

图 3-26　音乐门铃实物图

3．循环音乐、流水彩灯电子制作装配说明

1）简介

该印制电路板图的固化集成电路内部有 12 首歌曲和流水彩灯信息，每按一次开关会有 12 首歌曲轮流转换，彩灯配合流水闪亮。

2）技术参数

（1）工作电压：DC 3V（5 号电池二节）。

（2）工作电流静态≤5μA 动态≤120mA±10mA。

（3）尺寸：125mm×27mm×67mm。

（4）阻抗：8Ω。

3）电路原理图

电路原理图如图 3-27 所示。

该产品内含音乐和彩灯的两种表现形式，用固化方法把集成电路绑定在印制板上。12 只发光二极管被均匀排列呈一个圆形，不断循环发光，达到流动的效果，同时伴随着乐声响起。

4）印制电路板图

印制电路板图如图 3-28 所示，焊接后印制电路板如图 3-29 所示。

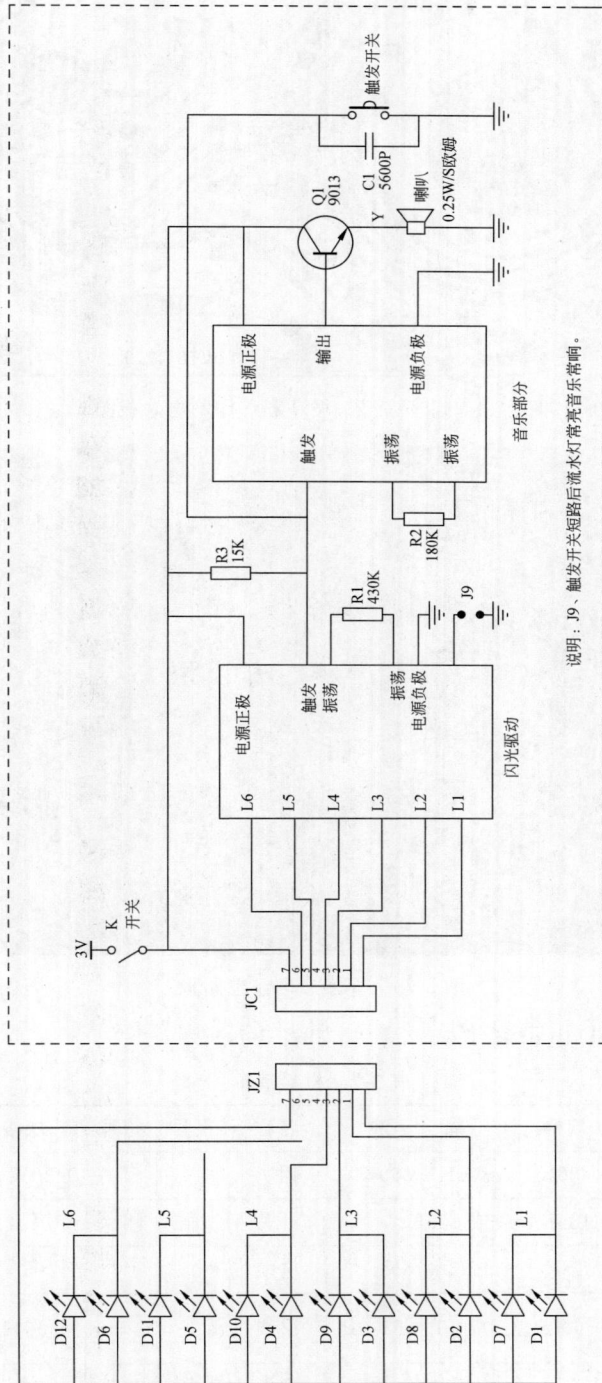

图 3-27　循环音乐、流水彩灯电路原理图

说明：J9、触发开关短路后流水灯常亮音乐常响。

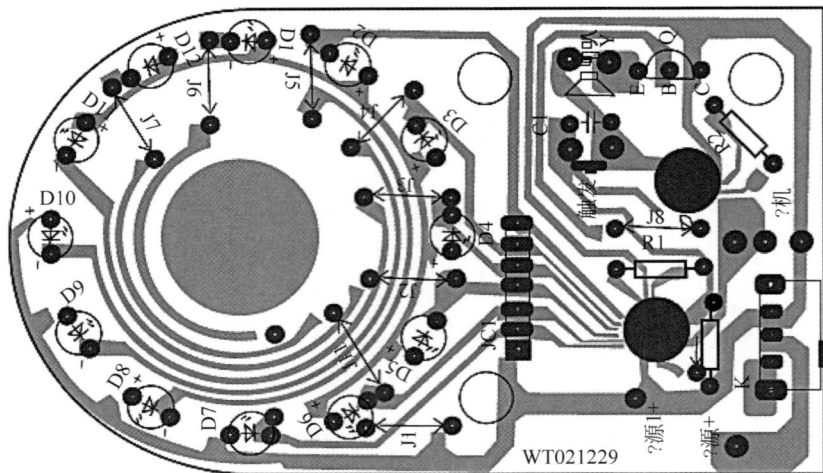

图 3-28　闪光、音乐、循环彩灯印制电路板图

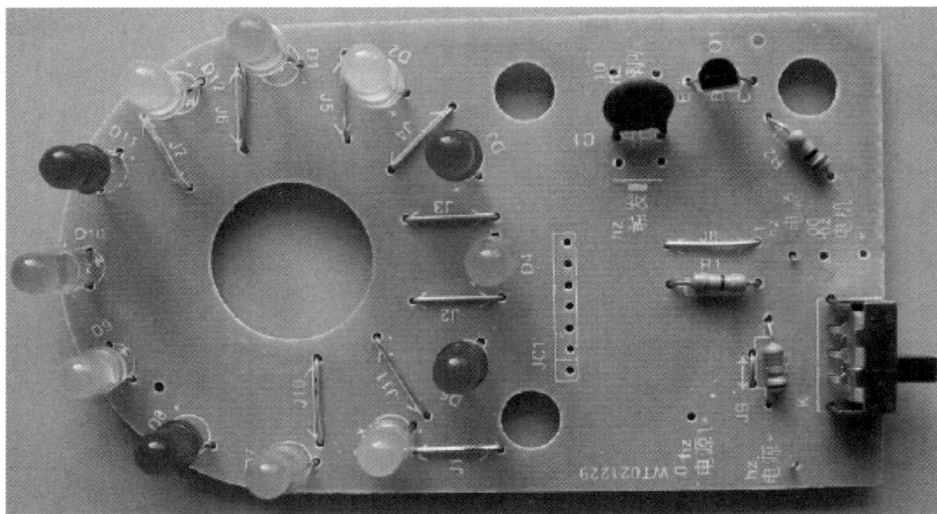

图 3-29　焊接后印制电路板

循环音乐、流水彩灯电子制作材料清单,如表 3-7 所示。

表 3-7　材料清单

名称	代号	符号	规格	备　注	名称	代号	符号	规格	备　注
电阻器	R1	▭	430K	300K～560K	喇叭			0.25W 8Ω	
电阻器	R2	▭	180K	或 200K	开关	K		专用	
电阻器	R3	▭	15K	12K～18K	电线			若干	
电容器	C1		5600P	4700P～8200P	引线	J	↔	J1～J11	用剪下的阻容元件的引脚
二极管	D			D1～D12	图纸	1 份			
三极管	Q1		9013		螺钉	5 只		自攻	镀锌

5）制作安装

装配前应把元件金属脚上氧化层刮除，并上锡便于焊接，按图排好顺序，先插入引线（可利用剪下的阻容器金属脚）焊好再插入电阻、电容、三极管，焊好后再插入发光二极管，建议发光二极管按正负极性先插入印制板，然后逐步套入门铃前框面孔，使发光二极管全部顶出，然后焊接，这样装配顺序不易错位，上下整齐。

检查无误后按电池正负极性，放入 5 号电池两节，接通电源即可工作。

做门铃用，即把 J9 开路，触发开关两端与 C1 电容并联，接通 3V 电源、接通开关、彩灯循环流水闪亮，同时奏响一首名曲、每按一次 12 首歌曲轮流转换，彩灯配合流水闪亮。

如想设置为长响长亮，把 J9 引线连接，触发开关也连接短路，拨通开关音乐与循环彩灯同步长亮长响。想改变音乐快慢，可调换 R2 阻值，阻值越大，音乐变低变慢，反之，音乐变快变高。振荡频率根据阻值变化而变化。

6）安全提示

（1）本品安装完毕必须仔细校对，防止因短路或错误连接而造成元器件损坏。

（2）电烙铁使用完毕要及时切断电源，待冷却后收藏，以免烫伤。

（3）长期不用，请把电池取出，以防电池漏液损坏零件。

第**4**章

认识人工智能及计算机信息工程

4.1 何谓 AI 及计算机信息工程

人工智能(Artificial Intelligence,AI)和计算机信息工程是计算机科学领域中两个非常重要的方向,它们在当今社会的各个领域都发挥着巨大的作用。

1. 人工智能

1) 定义

人工智能是一门研究如何使计算机模拟人类智能行为的学科。它试图让计算机具备像人类一样的感知、理解、推理、学习和决策等能力。例如,语音识别系统能够感知人类的语音并将其转换为文字,这是模拟人类的听觉感知能力;智能客服系统可以根据用户的问题进行推理和回答,这是模拟人类的理解和决策能力。

2) 主要研究领域

(1) 机器学习。

这是人工智能的核心技术之一。它通过让计算机从大量的数据中学习规律和模式,从而实现对新数据的预测和分类。例如,在图像识别领域,机器学习算法可以学习大量的动物图像,然后准确地识别出新的动物图像属于哪一类动物。常见的机器学习算法包括决策树、支持向量机、神经网络等。

(2) 深度学习。

深度学习是机器学习的一个分支,基于人工神经网络的深度结构。深度学习在语音识别、图像识别、自然语言处理等领域取得了巨大的突破。例如,深度学习算法可以识别出语音中的细微差别,从而实现高精度的语音识别。像谷歌公司的语音助手就是深度学习技术在语音识别方面的应用。

(3) 自然语言处理。

自然语言处理(Natural Language Processing,NLP)领域致力于让计算机理解和生成人类语言。例如,机器翻译系统可以将一种语言的文本准确地翻译成另一种语言的文本;智能写作助手可以根据用户输入的主题生成文章。自然语言处理包括词法分析、句法分析、语义分析等多个层次。

（4）计算机视觉。

计算机视觉使计算机能够像人类一样"看"世界。计算机视觉技术可以用于人脸识别、物体检测、图像分割等。例如，在安防领域，人脸识别技术可以快速识别出监控视频中的人是否为犯罪嫌疑人；在自动驾驶汽车中，计算机视觉系统可以检测道路上的交通标志、行人和车辆，从而为汽车的行驶决策提供依据。

3）应用领域

（1）医疗健康。

人工智能可以辅助医生进行疾病诊断。例如，通过对大量的医学影像（如 X 光片、CT图像）进行分析，人工智能系统可以发现病变的迹象，帮助医生更准确地判断病情。此外，人工智能还可以根据患者的病史和症状，预测疾病的发展趋势，为个性化治疗方案提供参考。

（2）交通出行。

在自动驾驶领域，人工智能是核心技术。自动驾驶汽车通过传感器感知周围环境，然后利用人工智能算法进行决策，实现自动行驶。同时，人工智能还可以用于交通流量预测和优化交通信号灯控制，缓解城市交通拥堵。

（3）金融领域。

人工智能可以用于风险评估和投资决策。例如，通过对客户的信用记录、消费行为等数据进行分析，人工智能系统可以准确地评估客户的信用风险，帮助金融机构决定是否发放贷款。在投资领域，人工智能可以根据市场数据预测股票价格走势，为投资者提供决策支持。

2. 计算机信息工程

1）定义

计算机信息工程是一门综合性的学科，它将计算机技术、信息技术、通信技术等多门学科知识融合在一起，致力于研究信息的获取、存储、传输、处理和应用。它侧重解决实际的工程问题，例如如何构建高效的信息系统、如何保障信息的安全传输等。

2）主要研究内容

（1）信息系统开发。

这是计算机信息工程的核心内容之一。信息系统开发包括需求分析、系统设计、编码实现、测试和维护等阶段。例如，开发一个企业资源规划（Enterprise Resource Planning，ERP）系统，需要深入了解企业的业务流程，然后设计出能够满足企业需求的系统架构，通过编程实现系统的功能，并进行严格的测试以确保系统的稳定性和可靠性。ERP 系统可以帮助企业整合各种资源，提高工作效率。

（2）数据库技术。

数据库是信息系统的基础，用于存储和管理大量的数据。计算机信息工程需要研究如何设计高效的数据库结构，以满足数据的存储、查询和更新等需求。例如，在一个电子商务网站中，数据库需要存储商品信息、用户信息、订单信息等。通过合理的数据库设计，可以快速地查询商品价格、用户订单状态等信息，提高网站的用户体验。

（3）网络技术。

网络是信息传输的基础设施。计算机信息工程需要研究网络的架构、协议和安全等方面。例如，企业内部的局域网需要设计合理的网络拓扑结构，以保证网络的稳定性和高效性。同时，还需要采用网络安全技术，如防火墙、加密技术等，防止网络攻击和数据泄露。

（4）软件工程。

软件工程是计算机信息工程的重要组成部分,它研究如何高效地开发和维护软件。软件工程包括软件开发方法、软件质量保证、软件项目管理等内容。例如,敏捷开发方法是一种高效的软件开发方法,它强调快速迭代和用户反馈,能够快速地开发出满足用户需求的软件产品。

3）应用领域

（1）企业信息化。

计算机信息工程在企业信息化建设中发挥着关键作用。通过构建企业信息系统,如客户关系管理（Customer Relationship Management,CRM）系统、供应链管理（Supply Chain Management,SCM）系统等,企业可以实现信息的共享和协同工作,提高企业的运营效率和竞争力。例如,CRM 系统可以帮助企业更好地管理客户信息,提高客户满意度和忠诚度。

（2）智慧城市。

在智慧城市建设中,计算机信息工程用于构建城市的信息基础设施,实现城市的智能化管理。例如,通过物联网技术,可以实时监测城市的环境数据、交通流量等信息;通过大数据分析技术,可以对这些信息进行分析和处理,为城市的规划和管理提供决策支持。

（3）电子商务。

电子商务是计算机信息工程的重要应用领域之一。电子商务平台需要处理大量的用户数据、商品数据和交易数据,通过计算机信息工程技术,可以实现安全、高效的电子商务交易。例如,某宝支付平台采用了先进的加密技术和安全认证技术,保障用户的支付安全。

人工智能和计算机信息工程虽然各有自己的研究重点,但它们之间也有紧密的联系。例如,人工智能技术可以应用于计算机信息工程中的信息系统开发,提高系统的智能化水平;计算机信息工程中的网络技术和数据库技术为人工智能的实现提供了基础设施支持。

4.2　AI 的发展历史

AI（人工智能）和 AIGC（Artificial Intelligence Generated Content,生成式人工智能）之间存在着紧密的联系。AIGC 的发展经历了从理论探索到技术突破,再到广泛应用的过程。

1. 早期探索与理论奠基（1940—1950 年）

1）理论奠基

1943 年,神经学家沃伦·麦卡洛克（Warren McCulloch）和数学家沃尔特·皮茨（Walter Pitts）提出神经元模型,为人工神经网络的研究奠定了基础。

2）图灵测试

1950 年,艾伦·图灵（Alan Turing）提出"图灵测试",为机器智能的判断提供了标准。他认为,如果一台机器能够与人类展开对话而不被辨别出其机器身份,那么这台机器就具有智能。

3）人工智能概念提出

1956 年 8 月,约翰·麦卡锡（John McCarthy）、马文·明斯基（Marvin Minsky,人工智能与认知学专家）、克劳德·香农（Claude Shannon,信息论的创始人）、艾伦·纽厄尔（Allen Newell,计算机科学家）、赫伯特·西蒙（Herbert Simon,诺贝尔经济学奖得主）等科学家,在美国汉诺斯小镇的达特茅斯学院举办的会议上首次提出了"人工智能"这一概念,标志着人工智能正式成为一个学科。

2. 符号主义与专家系统时代(1960—1970 年)

1) 符号主义兴起

AI 研究主要集中在符号主义方法上,即通过符号表示知识,使用推理规则进行推理。

2) 早期 AI 应用

AI 开始在自然语言处理(如 SHRDLU 程序)和简单的游戏(如国际象棋)中得到应用。

3) 专家系统

专家系统是一种模拟人类专家知识和经验,解决特定领域问题的计算机程序。这一时期,MYCIN 和 DENDRAL 等专家系统相继问世,推动了 AI 在实际应用中的发展。

3. 寒冬与反思(1970—1980 年)

1) 第一次 AI 寒冬

由于对 AI 的期望过高与实际成果的不匹配,资金和支持逐渐减少,AI 研究陷入了低谷。1973 年,《莱特希尔报告》(*Lighthill Report*)批评了英国 AI 研究的低效,导致英国政府大幅削减对 AI 的资助。

2) 反思与调整

科学家们开始反思 AI 的发展道路,意识到需要更加关注实际问题的解决,而不是仅仅追求技术的先进性。

4. 繁荣期与第二次低谷(1980—1990 年)

1) 繁荣期

1980 年,AI 研究迎来了新的繁荣期。专家系统在商业领域得到广泛应用,如 DEC 公司的 XCON 专家系统用于配置计算机系统。同时,Hopfield 网络等神经网络模型被提出,为 AI 研究提供了新的思路。

2) 深度学习萌芽

1986 年,反向传播算法被提出,为多层神经网络的发展奠定了基础。

3) 第二次低谷

1987 年,由于技术瓶颈和资金问题,AI 研究再次陷入低谷。许多公司和研究机构减少了对 AI 的投入。

5. 平稳过渡与互联网时代的崛起(1990—2010 年)

1) 平稳过渡

进入 20 世纪 90 年代,AI 研究逐渐走出低谷,进入平稳过渡期。

2) 互联网时代的崛起

互联网的兴起为 AI 提供了海量数据,推动了 AI 技术的快速发展。同时,GPU 等计算平台的普及也为 AI 训练提供了强大的计算能力。

3) 重要里程碑

1997 年,IBM 的深蓝超级计算机在国际象棋比赛中战胜了加里·卡斯帕罗夫(Garry Kasparov,俄罗斯国际象棋棋手,他在 1985 年成为世界冠军,并在接下来的近 20 年里保持了世界顶级棋手的地位),标志着 AI 在复杂问题求解方面取得了重大突破。

6. 深度学习时代与 AI 的广泛应用（2010 年至今）

1）深度学习兴起

2006 年，杰弗里·辛顿提出"深度学习"概念，开启了 AI 的新篇章。深度学习通过多层神经网络和反向传播技术，实现了对复杂数据的自动学习和特征提取。

2）AI 技术突破

2012 年，AlexNet 在 ImageNet 大规模视觉识别挑战赛中大放异彩，推动了深度学习在图像识别领域的应用。随后，Google 的 AlphaGo 在围棋比赛中战胜人类冠军，进一步展示了 AI 的强大能力。

3）AI 应用广泛

随着深度学习技术的不断成熟，AI 开始在语音识别、自然语言处理、图像识别等多个领域取得突破。同时，AI 技术也被广泛应用于医疗、金融、交通、教育等领域，推动了社会的智能化转型。

4.3 AI 的应用场景

4.3.1 AI（人工智能）与 AIGC（生成式人工智能）

AI（人工智能）和 AIGC（生成式人工智能）存在着紧密的联系。AI 是 AIGC 的技术基础，而 AIGC 是 AI 在内容生成领域的具体应用。两者相辅相成，共同推动了人工智能技术的发展和应用。

AIGC，即生成式人工智能（Artificial Intelligence Generated Content），是利用人工智能技术自动生成人类可消费内容的一种新型内容生产方式。它涵盖了自然语言处理（Natural Language Processing，NLP）、计算机视觉（Computer Vision，CV）、音频处理等多个领域，能够生成文本、图像、视频、音频等多种形式的内容。AIGC 的出现标志着人类内容生产方式的又一次重大变革，它不仅提高了内容创作的效率，还降低了创作成本，为内容生产行业带来了革命性的变化。

1. 技术基础

1）AI 是 AIGC 的核心技术支撑

AIGC 是 AI 技术在内容生成领域的具体应用。AI 提供了机器学习、深度学习、自然语言处理等核心技术，这些技术使得 AIGC 能够通过算法生成文本、图像、音频、视频等多种形式的内容。

2）生成式 AI 是 AIGC 的技术基础

生成式 AI（Generative AI）是 AIGC 背后的技术支撑，它通过生成模型不仅能够复制现有数据的模式，还能创造出新的、未曾见过的内容。

2. 应用关系

1）AIGC 是 AI 的应用体现

AIGC 是 AI 技术在内容创作和生成方面的具体应用，它通过 AI 算法自动生成内容，减少了人类的直接干预。例如，新闻报道、广告文案、艺术创作、教育内容等都可以通过 AIGC 快速生成。

2）AIGC 拓展了 AI 的应用范围

随着 AI 技术的进步，AIGC 的生成质量和应用范围不断扩大。它不仅提高了内容生产的效率，还降低了人力成本，并在新闻、教育、广告、影视等多个领域得到了广泛应用。

3. 发展关系

1）相互促进

AI 技术的进步直接推动了 AIGC 在内容质量和生成效率上的提升，而 AIGC 的应用也反过来促进了 AI 技术的进一步发展。

2）未来趋势

随着 AI 技术的不断发展，AIGC 的能力和应用范围也将继续扩大，未来可能会在更多领域实现突破。

4. 区别

1）AI 的范围更广

AI 是一个更广泛的概念，涵盖了各种技术和领域，目的是让计算机模仿、延伸甚至超越人类智能。

2）AIGC 更专注于内容生成

AIGC 主要聚焦利用 AI 技术生成特定类型的内容，如文本、图像、音频、视频等。

4.3.2　AIGC 的应用

1. 以电子商务领域为例

以电子商务领域为例，AIGC 涵盖商品展示、营销推广、客户服务等多个方面。

1）商品展示与设计

（1）图片与视频生成。

能快速生成高质量的商品图片和宣传视频，如为服装生成模特试穿图、为家具生成摆放于不同风格房间的效果图，无须实物拍摄，降低成本、提高效率。

（2）虚拟试衣与体验。

实现虚拟试衣功能，让用户在线试穿各类服装、饰品等商品，查看效果，提升用户参与度与购买意愿。

（3）包装与外观设计。

协助设计商品包装、外观，根据产品特点和目标市场生成创意设计方案，为产品增添吸引力。

2）营销推广

（1）文案创作。

自动生成吸引人的营销文案，包括商品描述、广告标语、社交媒体推广文案等，突出产品卖点和优势。

（2）个性化推荐。

通过分析用户行为、偏好等数据，提供个性化商品推荐，提高用户发现心仪商品的概率，增加销售转化。

（3）数字人直播。

创建 AI 数字人进行直播带货，可实现 24 小时不间断直播，降低人力成本，还能根据不同场景和产品切换形象与话术。

3）客户服务

（1）智能客服。

实时回答用户问题，解决常见咨询，如商品信息、订单查询、售后服务等，提高响应速度和服务质量，减轻人工客服压力。

（2）情感分析与反馈处理。

分析用户反馈和评价中的情感倾向，及时发现问题并进行处理，改进产品和服务。

4）运营管理

（1）市场与销售预测。

分析历史销售数据、市场趋势等，为商家提供精准的市场预测和销售预测，助力制订合理的库存计划、生产计划和营销策略。

（2）供应链优化。

根据销售预测和库存情况，优化供应链管理，包括采购、生产、物流配送等环节，提高供应链效率和灵活性。

（3）风险评估与防控。

对电商运营中的风险进行评估和防控，如识别欺诈行为、预测商品质量问题等，降低运营风险。

5）跨境电商

（1）多语言翻译与内容生成。

将商品信息、营销文案等快速准确地翻译成多种语言，生成适合不同国家和地区市场的内容，助力拓展海外市场。

（2）跨境交易辅助。

协助处理跨境交易中的复杂事务，如提供进出口合规相关信息、分析不同国家的市场需求和政策法规等。

2. AIGC 其他方面的应用场景

AIGC 的应用场景十分广泛，除了电商领域外，还包括以下 6 方面。

1）传媒领域

写稿机器人：能够快速撰写新闻稿件、财经报道、体育赛事总结等，提高新闻生产效率。

采访助手：辅助记者进行采访准备，如生成采访提纲、整理采访资料等。

2）影视领域

AI 剧本创作：分析大量影视作品数据，生成剧本创意、故事大纲甚至完整剧本。

AI 自动生成影视预告片：从影片素材中提取精彩片段，自动剪辑生成预告片。

3）娱乐领域

AI 作曲：创作各种风格的音乐作品，如虚拟歌手的歌曲就是通过 AI 作曲生成的。

AI 合成音视频动画：生成动画短片、虚拟演唱会等内容，为用户带来全新的娱乐体验。

4）教育领域

AI 合成虚拟教师：创建虚拟教师形象，进行课程讲解、辅导答疑等工作。

AI 根据课本制作历史人物形象：将课本中的历史人物以逼真的形象呈现出来，增强教学的直观性和趣味性。

AI 将 2D 课本转换为 3D：把平面的课本内容转换为立体的 3D 场景，提高学习的沉浸感。

5）医疗领域

为失声者合成语言音频：帮助因疾病或其他原因失去声音的患者重新获得"说话"的能力。

为心理疾病患者合成医护陪伴：创建虚拟的医护人员形象，为心理疾病患者提供陪伴和支持。

6）工业领域

完成工程设计中重复的低层次任务：如自动生成一些标准件的设计图纸、进行简单的工程计算等。

生成衍生设计，为工程师提供灵感：根据工程师输入的设计概念和要求，生成多种衍生的设计方案，为工程师提供创意和思路。

4.4　项目实训

4.4.1　项目 1　AIGC 助力工作——制作 PPT

1. 项目场景

小张需要给社区居民进行科普活动，在活动现场需要放映 PPT 给大家看。如何做好内容介绍、讲解等成为重要工作。

2. 项目分析

小张先要制定科普活动的主题、内容等，还要针对对象制作科普活动方案，通过前期调研，小张确定了以非物质文化遗产漆扇作为项目。借助 AIGC 优化项目和 PPT。

1）明确科普活动主题和目的

首先，要确定 PPT 的主题，确定了以非物质文化遗产——漆扇为主题，以讲座的知识分享为主要形式。

2）收集和整理内容素材

根据主题，收集相关的文字信息。包括研究背景内容、结论、新闻资讯中的行业动态等。对收集的文字进行提炼和总结，确保内容简洁明了，避免在 PPT 中出现大段冗长的文字。

3）图像和图表素材

搜集与主题相关的高质量图像，如产品图片、图表、示意图等。例如，在做非物质文化遗产——漆扇介绍 PPT 时，收集漆扇的历史介绍、作品图片等。

4）审查和确认

需要对这些内容进行二次确认，可以通过多个 AIGC 进行对比和分析。

5）数据投喂

关键词：漆扇、PPT。

6）步骤

具体步骤如图 4-1 所示。

图 4-1   制作 PPT 的步骤

3．项目实践目标

项目 1 实践目标如表 4-1 所示。

表 4-1   项目 1 实践目标

实 践 平 台	知识和技能目标	实 践 内 容
DeepSeek 深度求索 AI	使用大模型学习非遗知识	生成主题、内容
KIMI AI	使用大模型优化工作内容	生成 PPT

4．项目实施

步骤 1：使用 DeepSeek 深度求索 AI 制作科普活动内容。

提示词：制作科普活动内容，非物质文化遗产为主题，漆扇为内容。

需要单击打开"深度思考""联网搜索"，增加内容的丰富性。

大模型回答：

制作科普活动内容，非物质文化遗产为主题，漆扇为内容。

已搜索到 49 个网页 >

已深度思考（用时 37 秒）

好的，我现在需要帮用户制作一个关于非物质文化遗产主题的科普活动内容，重点是漆扇。首先，我得先仔细看看用户提供的搜索结果，找出相关的信息。用户给了八个网页的结果，我需要逐一分析，看看哪些内容对科普活动有帮助。

网页1和网页2都提到了长白县的漆扇活动，主要是元宵节和儿童体验活动。里面详细描述了漆扇的制作过程，比如滴漆液到水中，扇子浸染等步骤，还提到了活动的目的是传承文化和增强保护意识。这些信息可以用来设计活动的实践环节和教育目标。

网页3是包头市的活动，介绍了漆扇的历史和制作工艺，志愿者示范染制技法。这里提到的"以漆为笔，以水为墨"可能可以作为活动的宣传语或者环节名称。同时，网页中还提到孩子们制作不同风格的漆扇，比如山水图案，这可以丰富活动成果展示部分的内容。

网页4是江苏盐城的活动，他们详细介绍了漆扇的制作步骤，包括利用水与漆的分离原理，设计制作。这里还提到网格员讲解步骤，说明活动中的指导环节很重要，需要专业人员的参与。此外，活动还培养了观察和动手能力，这对科普活动的教育目标有参考价值。

网页5是达川区的图书馆活动，大学生志愿者作为导师，讲解了漆扇的历史和工艺，并让小朋友们体验"飘漆"技法。这部分强调了志愿者和互动的重要性，可以作为活动组织结构的参考，比如邀请学生志愿者或非遗传承人参与。

网页6是军民小学的活动，邀请了专家现场授课，分为知识讲解、技艺体验和成果展示。这样的结构可以作为活动流程的模板，分阶段进行，确保参与者在理论和实践上都有收获。此外，成果展示环节的"非遗秀场"也是一个亮点，可以增加参与者的成就感。

网页7是芜湖市的活动，专业老师现场演示制作步骤，参与者挑选扇形和颜料。这说明材料准备需要多样化，提供不同颜色和形状的扇子，增加个性化体验。同时，活动后的归属感和认同感提升，可以作为活动效果的评估点。

网页8是县坚真纪念馆的活动，结合春节非遗主题，讲解春节和非遗的关系。这里提到联合国教科文组织将春节列入非遗名录，可以作为一个案例，说明非遗的重要性，增强活动的文化深度。

综合这些信息，我需要确定活动的结构：知识讲解、实践体验、成果展示。每个部分需要结合多个网页的内容，确保信息全面。例如，在知识讲解部分，要涵盖漆扇的历史、工艺、文化价值，引用网页1、3、6、8的内容。实践环节要详细步骤，参考网页2、4、5、7的制作方法。成果展示和总结部分则参考网页6和8，强调文化传承和教育意义。

同时，要注意活动的目标群体，如儿童、学生或社区居民，根据用户需求调整内容。用户的需求是科普活动，所以需要兼顾教育性和趣味性，确保参与者既能学到知识，又能动手体验。此外，引用多个网页的例子可以增加活动的丰富性，比如不同地区的活动形式和成果，展示漆扇的多样性和非遗的广泛传播。

最后，活动注意事项部分需要包括安全措施，比如使用天然大漆可能引起过敏，需提前提醒参与者。这一点虽然在搜索结果中没有直接提到，但根据常识和漆的特性，应该加入以确保活动的安全性。同时，准备足够的材料和工具，确保每位参与者都能充分体验，这也是参考网页中多次提到的志愿者指导和材料准备的重要性。

以上是 DeepSeek 深度求索 AI 的思考内容，以下是生成的内容。

以下是为非物质文化遗产主题漆扇科普活动设计的内容方案，综合多个地区的实践经验与成果，结合文化传承与互动体验，旨在全面展示漆扇的历史、技艺与当代价值：

一、活动主题

"非遗漆韵，扇绘千年"
以漆扇为载体，通过知识科普与手工实践，展现中国传统漆艺的文化魅力，激发参与者对非物质文化遗产的保护与传承意识。

二、活动结构与内容

1.文化讲堂：漆扇的历史与艺术

- **历史渊源**：介绍漆扇的起源与发展，从战国漆器到唐代文人雅扇的演变，强调其作为"怀袖雅物"的文化地位 11 13 。
- **工艺特色**：讲解天然大漆的特性、漆扇制作的"髹饰八法"及"飘漆"技法，结合图文展示漆扇的工序（如调漆、浸染、打磨等） 6 11 。
- **非遗价值**：分析漆扇在中华文化中的象征意义（如风雅情趣、匠人精神）及列入非遗名录的意义 7 13 。

2. 互动体验：巧手制漆扇

- **材料准备**：提供素白扇面、天然漆液、调色盘、搅拌棒、清水容器等工具。
- **制作步骤**：
  1. **滴漆入水**：参与者将稀释后的色漆滴入水面，通过搅拌形成自然纹理或设计图案 ② ⑧ 。
  2. **浸染扇面**：匀速将扇面浸入水中，利用漆液与水的张力吸附色彩，通过旋转、摇晃等手法控制晕染效果 ① ⑫ 。
  3. **晾干定型**：扇面取出后自然风干，形成独一无二的漆彩纹样 ⑧ 。

3. 成果展示与分享

- **"漆扇秀场"**：参与者展示作品并分享创作灵感，评选"最具创意奖""最佳工艺奖"等，增强成就感 ⑪ 。
- **文化感悟**：邀请非遗传承人或专家点评，探讨漆扇技艺的传承困境与创新方向 ⑪ ⑬ 。

三、活动延伸与教育意义

1. **非遗进校园/社区**：与学校、社区合作开设系列课程，如"漆扇工坊""非遗故事会"，深化长期影响 ⑧ ⑬ 。
2. **数字传播**：录制漆扇制作短视频，通过社交媒体展示非遗技艺，扩大传播范围 ⑦ 。
3. **文化自信培育**：结合节日（如元宵节、春节）举办主题活动，将漆扇与传统习俗结合，增强文化认同感 ① ⑬ 。

四、注意事项

- **安全提示**：天然大漆可能引起过敏，需提前准备手套等防护用具。
- **材料环保**：选用无污染水性漆替代传统大漆（针对儿童活动），兼顾安全与文化体验 ② ⑧ 。
- **志愿者培训**：确保指导人员熟悉漆扇工艺与非遗知识，提升活动专业性 ⑧ ⑫ 。

五、参考案例

- **长白县实践**：通过"漆韵元宵"活动将非遗融入节日，儿童亲手制作漆扇，增强文化保护意识 ① ② 。
- **盐城经验**：结合科普教育与公益组织，设计"水漆分离"实验环节，寓教于乐 ⑦ 。
- **军民小学模式**：邀请非遗传承人现场授课，打造"知识+实践+展示"三位一体的沉浸式体验 ⑪ 。

通过以上方案，参与者不仅能掌握漆扇制作技艺，更能深刻理解非遗文化的历史脉络与当代价值，实现"知"与"行"的统一。活动可灵活调整规模与形式，适用于学校、社区、博物馆等多场景，推动非遗文化在新时代的活态传承。

步骤 2：要查找关于漆扇的作品和图片，继续投喂数据。

提示词： 请找出可以用在 PPT 上的图片和作品照片，避免侵权风险。

大模型回答（节选部分）：

二、新闻报道与活动纪实图片

1. **军民小学非遗活动（[网页5] 7 ）**
   - **适用场景**：报道中提及"漆红牡丹扇""青绿山水扇"等学生作品，可通过联系学校或主办方获取活动照片，用于教育案例或非遗传承主题PPT。
   - **版权说明**：需标注来源并征得主办方同意，适合非商业用途。
2. **吉林省税务局活动（[网页8] 11 ）**
   - **图片亮点**：包含女干部制作漆扇的现场图及成品展示，展现传统技艺与现代审美的结合，可通过新闻平台截图使用（需注明出处）。

四、使用建议与注意事项

1. **版权合规**
   - **商业用途**：优先选择潮国创意、千图网等提供明确商用授权的平台（如VRF授权），避免法律风险 9 10 。
   - **教育/公益用途**：可合理引用新闻报道中的活动图片，需标注来源（如"图片来源：军民小学非遗活动报道"） 7 11 。
2. **素材适配性**
   - **传统风格**：推荐千图网棕色实拍模板或潮国创意中式海报，符合非遗文化厚重感 9 10 。
   - **现代设计**：选用站酷ZCOOL的汉服搭配漆扇图或潮国创意的渐变星空风格，适合年轻化主题 9 。
3. **扩展搜索关键词**
   - 在搜索引擎或图库中使用"非遗漆扇+免版权""漆扇制作+实拍"等关键词，筛选CC0协议或标注可商用的图片（如Pixabay、Unsplash）。

   ⌄

五、推荐免费资源平台

1. **Pexels/Unsplash**：搜索"Chinese fan art""lacquer craft"等英文关键词，部分图片可免费商用。
2. **国家非遗保护中心官网**：提供官方非遗项目图片，公益使用需遵守标注要求。

通过以上渠道，可高效获取合法、高质量的漆扇图片资源，同时确保PPT内容的专业性与视觉吸引力。

ⓘ 本回答由 AI 生成，仅供参考，不构成任何专业建议。

步骤3：先对以上内容进行整理，剔除不需要的内容，加入自己的内容。

步骤4：用KIMI AI 投喂数据（可以上传附件），制作PPT。

提示词：根据这些内容做PPT。

大模型回答（节选部分）：

漆扇文化与制作流程

1. 漆扇的历史与文化

1.1 漆扇的起源

1.1.1 漆扇的历史追溯

- 漆扇起源于汉代，最初用于帝王贵族的仪仗，象征着权力和地位。

1.1.2 漆扇的文化意义

- 随着时间推移，漆扇融入民间生活，成为独特的文化符号。

1.2 漆扇的发展与现状

1.2.1 漆扇的发展历程

- 18至19世纪，广州外销成扇风靡西方，成为上流社会的时髦配饰。

4.3.1 竹丝扇的美誉

- 竹丝扇被誉为"天下第一扇"，薄而透光。

4.3.2 竹丝扇的工艺

- 竹丝扇的制作工艺复杂，展现了四川地区的传统技艺。

4.4 绫绢扇

4.4.1 绫绢扇的用途

- 绫绢扇原是贵族妇女的赏玩之物，多圆形。

4.4.2 绫绢扇的制作

- 绫绢扇用细洁的纱罗、绫等制成，展现了浙江地区的工艺特色。

复制　再试一次　分享　👍 👎

在大模型回答的文末，有PPT编辑按钮，单击后，PPT编辑界面如图4-2所示。

步骤5：KIMI AI 生成的PPT，根据自己的需求进行编辑，保存并下载PPT。

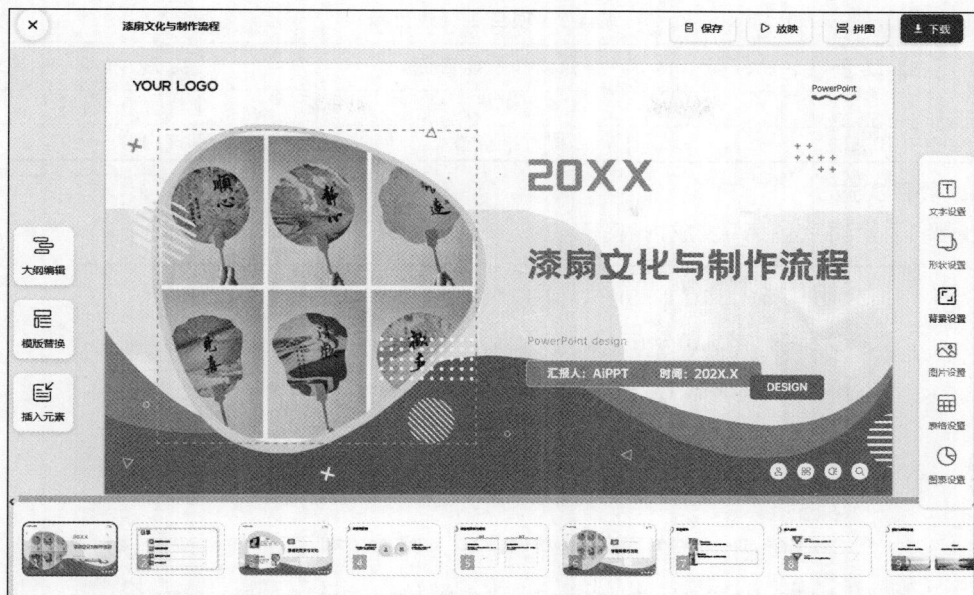

图 4-2　PPT 编辑界面

4.4.2　项目 2　AIGC 助力学习——学习文化

1. 项目场景

小张是一名刚刚到上海工作的大学生,他想在长三角地区或上海长期工作和生活。小张为融入本地生活,想学习吴语方言、江南文化、长三角文化。

2. 项目分析

小张先要了解什么是吴语方言、江南文化、长三角文化等内容。借助 AIGC 学习方言,学习文化。

1) 明确主题

首先,要确定学习的主题。以吴语方言、江南文化、长三角文化等为主题。

2) 收集和整理内容素材

根据主题,收集相关的文字信息。包括背景内容、新闻资讯中的动态等。

3) 审查和确认

确认是否有遗漏的重要点,例如历史背景、经济影响、现代发展等,确保回答全面准确。

4) 步骤

学习文化的步骤如图 4-3 所示。

图 4-3　学习文化的步骤

3. 项目实践目标

项目 2 实践目标如表 4-2 所示。

表 4-2 项目 2 实践目标

实 践 平 台	知识和技能目标	实 践 内 容
豆包 AI	了解文化内涵	生成主题、内容
文心一言 AI	核对准确性	审核内容

4. 项目实施

步骤 1：使用豆包 AI 生成内容。

提示词：请问什么是长三角文化、江南文化？

大模型回答（节选部分）：

长三角文化和江南文化是中国地域文化中的重要概念，两者既有联系又有区别，以下是具体解析：

1. 长三角文化

- **地域范围**：以长江三角洲为核心，涵盖上海、江苏、浙江、安徽全域及周边部分地区（如江西东北部）。
- **核心特征**：
  - **多元融合**：历史上吴越文化、楚文化、中原文化在此交汇，近代又受西方文化影响，形成开放包容的特质。
  - **经济驱动**：依托长江黄金水道和沿海优势，工商业传统深厚，是中国近代民族工业和现代经济的重要发源地。
  - **文化符号**：
    - **语言**：吴语（上海话、苏州话等）为代表，部分地区使用徽语、江淮官话。
    - **艺术**：昆曲、评弹、越剧、沪剧等戏曲；江南丝竹、吴门画派等艺术形式。
    - **饮食**：精致甜鲜的本帮菜、苏帮菜、杭州菜，以及茶文化（西湖龙井、碧螺春）。
    - **建筑**：水乡古镇（周庄、乌镇）、徽派建筑（白墙黛瓦马头墙）。
  - **现代发展**：以上海为龙头，形成"海派文化"，兼具国际化与传统特色，如石库门、南京路等。

2. 江南文化

- **地域范围**：传统意义上的"江南"指长江以南、钱塘江以北的吴越故地，核心区为江苏南部、浙江北部和上海。
- **核心特征**：
  - **诗意与雅致**：以文人文化为核心，强调山水意境、园林美学（如苏州园林）、诗词书画（如王羲之、文徵明）。
  - **农耕文明**：鱼米之乡的富庶孕育了精致的生活方式，如丝绸、刺绣、文房四宝。
  - **文化符号**：
    - **文学**：唐诗宋词中的江南意象（如白居易《忆江南》）、明清小说（《红楼梦》中的江南背景）。
    - **民俗**：龙舟竞渡、水乡婚礼、采茶节等。
    - **哲学**：强调"中庸""和谐"，与北方的豪放形成对比。

3. 两者的联系与区别

- **联系**：江南文化是长三角文化的核心和源头，长三角文化包含江南文化并扩展至更广阔的区域。
- **区别**：
  - **范围**：长三角文化覆盖更大地理空间（含安徽、江苏北部等），而江南文化更聚焦传统吴越核心区。
  - **内涵**：长三角文化更强调经济、现代性与多元融合，江南文化更侧重传统文人精神与自然美学。

总结

- **长三角文化**是区域经济与多元文化的融合体，以上海为中心，辐射周边，体现"古今交融"。
- **江南文化**是诗意的传统符号，以苏杭为代表，展现"山水灵秀、人文荟萃"。

两者共同构成中国最具活力和文化底蕴的区域之一，深刻影响着中国的经济、艺术与社会发展。

步骤2：继续投喂数据，生成内容。

提示词：详细介绍一下江南文化的代表元素。

大模型回答（节选部分）：

江南文化作为中国传统文化中最具诗意与灵秀的代表，其核心元素渗透在物质与精神的方方面面，形成独特的审美体系与生活方式。以下从多个维度解析其代表元素：

一、建筑艺术：粉墙黛瓦与山水意境

1. 江南民居

- **布局**：以"四水归堂"为特色，天井集水寓意财富汇聚，建筑紧凑适应江南人口密集的特点。
- **特色符号**：
  - **马头墙**：防火分隔，形如马头，兼具装饰性；
  - **吊脚楼**：临河而建，延伸空间，形成双层重檐结构；
  - **粉墙黛瓦**：白墙反射阳光，青瓦与绿树碧水相映，营造素雅意境。
- **代表村落**：周庄、乌镇、绍兴台门建筑群（如千柱屋、下新屋）。

2. 园林艺术

- **苏州园林**：以拙政园、留园为代表，融合诗画意境，"移步换景"手法展现自然与人文和谐。
- **造园理念**："虽由人作，宛自天开"，假山、池水、花木、建筑巧妙结合，体现文人隐逸思想。

二、文学艺术：诗画交融的精神世界

1. 诗词文学

- **唐诗宋词**：白居易《忆江南》、苏轼"水光潋滟晴方好"等名句，描绘江南烟雨朦胧之美。
- **明清小说**：《红楼梦》以江南为背景，展现世家大族的兴衰；《三言二拍》反映市井文化。

2. 绘画艺术

- **吴门画派**：沈周、文徵明等以水墨写意江南山水，强调"笔墨情趣"。
- **青绿山水**：王希孟《千里江山图》虽非江南画家，却深刻影响江南审美，追求色彩富丽与意境深远。

3. 戏曲与音乐

- **昆曲**：被誉为"百戏之祖"，发源于昆山，以典雅唱腔和细腻表演著称。
- **江南丝竹**：以《茉莉花》《紫竹调》为代表，旋律悠扬，体现水乡韵味。

五、民俗与节庆

1. 传统节日

- **端午节**：龙舟竞渡、挂艾草，纪念屈原的同时结合水乡特色。
- **中秋**：赏桂、吃月饼，以苏州"石湖串月"为胜景。

2. 婚丧习俗

- **水乡婚礼**：以船为媒，新娘乘花轿船出嫁，保留"哭嫁"等传统仪式。
- **丧葬文化**：土葬为主，墓碑雕刻讲究，体现对祖先的敬仰。

六、现代传承与创新

- **海派文化影响**：上海作为江南文化的延伸，将传统与国际融合，如石库门建筑、旗袍改良。
- **当代艺术**：苏州博物馆（贝聿铭设计）、杭州G20峰会文艺演出，以现代手法诠释江南美学。

步骤 3：继续投喂数据，生成内容。

提示词： 请问有哪些方言？

大模型回答（节选部分）：

二、长三角及江南地区方言

结合用户之前对江南文化的兴趣，重点解析该区域方言：

1. **吴语（核心方言）**
   - **江南核心区**：苏州话（"人间天堂"的文化符号，软糯如评弹唱腔）、杭州话（受南宋官话影响，有"儿化音"特色）。
   - **上海话**：海派文化的载体，融合吴越语与英语、日语词汇（如"沙发"源自英语 sofa）。
   - **周边分支**：绍兴话（鲁迅作品中的方言韵味）、宁波话（声调高亢，商贸历史影响语言表达）。
2. **徽语（吴语分支或独立方言）**
   - **分布**：安徽黄山、宣城及江西婺源。
   - **特点**：保留古汉语入声和尖团音（如"酒"[ziu] 与"九"[jiu] 区分），被称为"语言活化石"。
3. **江淮官话**
   - **分布**：江苏北部（如扬州、南京）、安徽中部。
   - **特点**：介于北方官话与吴语之间，保留入声（如扬州话"白"发音为 [pe?]）。

二、长三角及江南地区方言

结合用户之前对江南文化的兴趣，重点解析该区域方言：

1. **吴语（核心方言）**
   - **江南核心区**：苏州话（"人间天堂"的文化符号，软糯如评弹唱腔）、杭州话（受南宋官话影响，有"儿化音"特色）。
   - **上海话**：海派文化的载体，融合吴越语与英语、日语词汇（如"沙发"源自英语 sofa）。
   - **周边分支**：绍兴话（鲁迅作品中的方言韵味）、宁波话（声调高亢，商贸历史影响语言表达）。
2. **徽语（吴语分支或独立方言）**
   - **分布**：安徽黄山、宣城及江西婺源。
   - **特点**：保留古汉语入声和尖团音（如"酒"[ziu] 与"九"[jiu] 区分），被称为"语言活化石"。
3. **江淮官话**
   - **分布**：江苏北部（如扬州、南京）、安徽中部。
   - **特点**：介于北方官话与吴语之间，保留入声（如扬州话"白"发音为 [pe?]）。

三、方言的文化意义

- **地域认同**：方言是地域文化的活态载体，如苏州话与评弹、越剧的紧密关联。
- **文学传承**：明清小说中大量使用吴语词汇（如《海上花列传》），增强市井生活的真实感。
- **现代挑战**：普通话普及导致方言使用减少，部分地区通过方言节目（如上海《老娘舅》）、方言保护工程延续文化根脉。

总结

中国方言不仅是语言工具，更是地域历史与文化的结晶。江南地区的吴语以其独特的语音魅力和深厚的文化积淀，成为江南文化不可或缺的重要元素。

步骤4：投喂数据，生成内容。

提示词：我现在在上海工作、生活。请问如何学习吴语上海话，谢谢。

大模型回答（节选部分）：

在上海工作生活，学习上海话不仅能提升日常沟通效率，还能更深入体验海派文化。以下是针对上海话学习的实用建议，结合语言特点和本地资源整理而成：

一、上海话学习核心难点

1. **语音系统复杂**
   - **浊音声母**：如"婆"[bo]、"糖"[dã]，普通话中无对应发音，需刻意练习。
   - **入声短促**：如"白"[baʔ]、"绿"[loʔ]，发音时需收喉塞音。
   - **声调多变**：上海话有5个声调（阴平、阳平、上声、去声、入声），需注意语调起伏。

2. **词汇特色鲜明**
   - **保留古汉语词汇**：如"弗"（不）、"伊"（他）。
   - **外来语融合**：如"沙发"（sofa）、"水门汀"（cement）、"肮三"（on sale，引申为"龌龊"）。
   - **委婉语**：如"老克拉"（源自class，指老派绅士）、"门槛精"（源自monkey，形容精明）。

二、分阶段学习方法

1. 基础入门（1-3个月）

- **核心目标**：掌握日常问候、购物、交通等场景用语。
- **推荐资源**：
  - **教材**：《学说上海话》（钱乃荣著，系统讲解语音语法）、《上海话大词典》（备查词汇）。
  - **音频**：喜马拉雅《上海话教程》、B站"阿拉来塞额"（沪语教学短视频）。
  - **APP**：
    - **沪语发音字典**：输入汉字查上海话读音（如"吃饭"→"切饭"[tsʰiʔ ve]）。
    - **HelloTalk**：找上海本地人语音对话练习。
- **学习技巧**：
  - 用拼音标注发音（如"谢谢"→"谢谢侬"[zia zia non]）。
  - 模仿影视剧台词：《爱情公寓》中娄艺潇的上海话片段、纪录片《上海的味道》。

2. 进阶提升（3-6个月）

- **核心目标**：理解方言文化内涵，参与深度对话。
- **推荐资源**：
  - **沪语节目**：东方卫视《嘎占上海滩》（情景剧）、广播《阿富根谈生产》（方言新闻）。
  - **文化体验**：
    - 观看沪剧《雷雨》（感受传统唱腔）、滑稽戏《七十二家房客》（市井幽默）。
    - 逛豫园时听本地游客聊天，注意"阿拉"（我）、"伊拉"（他们）等代词使用。
- **学习技巧**：
  - 参与"上海话朗读"活动：在微信群或线下沙龙朗读《海上花列传》片段。
  - 制作方言词汇卡：整理生活场景词汇（如"弄堂"[lon dã]、"小菜场"[so tsʰa zan]）。

3. 沉浸式实践

- **融入本地社群**：
  - 加入"上海话角"（人民公园、田子坊定期活动）。
  - 在社区老年大学报班（如"上海方言与文化"课程）。
- **日常场景应用**：
  - 菜市场买菜时用上海话询价："格只菜几多钞票？"（这菜多少钱？）
  - 乘坐出租车时听司机聊天，模仿"前头转弯"（前面转弯）等指令。

三、避坑指南

1. **避免过度直译普通话**：
   - 上海话语序与普通话不同，如"你先走"→"侬先去"[non siɛ tɕʰi]。
   - 否定词位置差异："不要吃"→"勿吃"[fiaʔ tɕʰiʔ]。
2. **注意地域差异**：
   - 浦东话与浦西话口音有别（如"人"浦东说 [ɲin]，浦西说 [nin]）。
   - 新派上海话简化趋势：年轻人可能弱化入声（如"白"发成 [ba]）。
3. **文化敏感点**：
   - 部分词汇含贬义（如"小赤佬"原指小孩，现多为调侃），需注意语境。
   - 上海话中的"阿姐"[a tɕia]、"阿哥"[a ko] 是尊称，可用于陌生人。

四、工具推荐

类型	推荐工具	特色
发音字典	汉典网（上海话拼音标注）	支持汉字反查方言读音
口语练习	方言保护工程网（音频库）	收录上海各区县方言录音
文化辅助	《上海方言词典》（许宝华主编）	收录大量俚语、谚语
社交学习	豆瓣"上海话学习小组"	线上打卡、线下活动

五、文化小贴士

- **听懂上海话歌曲**：周立波《上海谣》、彩虹合唱团《魔都仙乐处处闻》。
- **关注沪语新媒体**：微信公众号"阿拉上海人"（每日推送方言知识点）。
- **方言与身份认同**：上海话曾是"十里洋场"的商业语言，如今是城市文化的重要标志。

坚持练习 3-6 个月后，您将能基本应对日常对话，并在听懂上海话脱口秀、滑稽戏时获得更多乐趣。记住，语言学习的关键在于"脸皮厚、嘴巴勤"，大胆开口比追求完美更重要！

步骤5：使用文心一言，上传以上内容，投喂数据，审核内容的准确性。

提示词：我想学习上海话，请核对附件内容是否正确。

大模型回答（节选部分）：

您提供的附件内容关于学习上海话的指南，经过核对，信息基本准确且全面。

以下是对您提供的附件内容的简要概述和核对结果：

一、上海话学习核心难点

- **语音系统复杂**：包括浊音声母、入声短促、声调多变等，与普通话差异较大。
- **词汇特色鲜明**：保留古汉语词汇，融合外来语，使用委婉语等。

核对结果：描述准确，符合上海话的语言特点。

二、分阶段学习方法

1.基础入门（1-3个月）

- **核心目标**：掌握日常问候、购物、交通等场景用语。
- **推荐资源**：包括教材、音频、APP等。
- **学习技巧**：用拼音标注发音，模仿影视剧台词等。

2.进阶提升（3-6个月）

- **核心目标**：理解方言文化内涵，参与深度对话。
- **推荐资源**：沪语节目、文化体验等。
- **学习技巧**：参与朗读活动，制作方言词汇卡等。

四、工具推荐

- 发音字典、口语练习、文化辅助、社交学习等类型的工具推荐。

核对结果：工具推荐全面，涵盖了学习上海话所需的各类资源。

五、文化小贴士

- 听懂上海话歌曲，关注沪语新媒体，了解方言与身份认同等。

核对结果：文化小贴士提供了额外的学习资源和文化背景知识，有助于更深入地了解上海话和上海文化。

综上所述，您提供的附件内容关于学习上海话的指南是准确且全面的。如果您想学习上海话，这份指南将是一个很好的起点。祝您学习顺利！

步骤 6：使用文心一言，投喂数据。

提示词：请阐述传承和保护上海话以及方言的重要性，以及如何让学校老师、家长和孩子一起重视。

大模型回答（节选部分）：

传承和保护上海话以及方言的重要性，不仅在于维护语言多样性这一文化层面，还涉及对地方历史、文化和身份认同的深刻理解与尊重。以下是对其重要性的阐述，以及如何让学校老师、家长和孩子共同重视的建议。

传承和保护上海话及方言的重要性

1. **维护语言多样性**：上海话作为吴语的一种，是中国丰富多彩的语言宝库中的一部分。保护上海话有助于保持语言的多样性，防止语言同质化。

2. **承载地方历史与文化**：上海话中蕴含着丰富的历史记忆和文化传统，如特有的词汇、表达方式、俚语和谚语等，这些都与上海的历史、地理、社会、经济紧密相连。

3. **促进身份认同与社区凝聚力**：方言是地方文化的重要标志，能够增强人们对所在地区的归属感和认同感。上海话作为上海人的共同语言，有助于增强社区凝聚力。

4. **教育与研究价值**：上海话在语言学、历史学、社会学等领域具有独特的研究价值。同时，通过上海话的教学和学习，可以增进学生对本地文化的了解和认识。

如何让学校老师、家长和孩子一起重视

1. **学校老师的角色：**

   - 将上海话纳入学校课程，如开设选修课或兴趣小组，让学生在轻松愉快的氛围中学习上海话。
   - 鼓励老师在课堂上适当使用上海话进行辅助教学，如解释地方特色词汇或讲述地方历史故事。
   - 组织上海话朗诵、演讲、歌唱等比赛和活动，激发学生的学习兴趣和参与度。

2. **家长的作用：**

   - 家长可以在家中与孩子用上海话交流，为孩子创造一个良好的语言环境。
   - 鼓励孩子参与上海话相关的文化活动，如观看沪剧、滑稽戏等，增进对上海话的了解和喜爱。
   - 与学校保持沟通，支持学校开展的上海话教学活动，共同推动上海话的传承和保护。

3. **孩子的参与：**

   - 鼓励孩子主动学习上海话，如通过教材、音频、APP等资源进行学习。
   - 引导孩子参与上海话朗读、对话练习等活动，提高口语表达能力。
   - 培养孩子对上海话文化的兴趣和热爱，如通过了解上海话中的历史故事、俚语和谚语等，加深对上海话文化的理解。

综上所述，传承和保护上海话以及方言的重要性不言而喻。通过学校、家长和孩子的共同努力，我们可以为上海话的传承和保护贡献自己的力量，同时也为孩子们的成长和未来发展打下坚实的基础。

步骤 7：使用文心一言，继续投喂和训练大模型。

提示词：请问吴语是什么？吴语上海话有哪些作品？

大模型回答（节选部分）：

吴语，又称江东话、江南话、江浙话、吴越语，是汉语方言之一，有着三千多年的悠久历史。它属于汉藏语系汉语语族，是汉语七大方言集合之一。吴语主要分布在今浙江、江苏南部、上海、安徽南部、江西东北部、福建北一角等地，使用人口众多。

吴语语音保留较多古汉语因素，与《切韵》《广韵》等古代韵书高度吻合。它继承了唐宋三十六字母框架体系，以保留全部浊音为最主要特征，声母分为全清、次清、全浊、次浊四类，部分地区还保留尖团音分化。吴语具有仄音之一的入声韵，声调上继承中古汉语整齐四声八调，平上去入四声因声母清浊对立而各分阴阳。

关于吴语上海话的作品，以下是一些代表性的影视作品：

1. **《海上花》**：改编自张爱玲最喜欢的方言小说《海上花列传》，全片对白都是吴语（上海话），导演侯孝贤成功地将这部晚清吴语小说搬上银幕，展现了旧上海的时尚风貌和社会风情。

2. **《罗曼蒂克消亡史》**：该片灵活交替使用"上台面"的普通话和"不上台面"的上海话，展现了上世纪初上海滩复杂的社会环境和人物关系。

3. **《股疯》**：1994年上映，影片分地区投放了沪语（上海话）、普通话两个版本，主演包括内地演员潘虹与香港影星刘青云，展现了股市热潮下人们的种种心态。

4. **《不成问题的问题》**：改编自老舍的小说，影片还原了20世纪四十年代从上海逃难到重庆的老爷太太们的日常，其中穿插了操着吴侬软语的娇太太们的形象。

此外，还有一些吴语（上海话）的歌曲作品，如：

- **《Nobody》（男生版）**：由Seagy CG演唱的上海话版本，展现了吴语的独特魅力。
- **《江南》**：上海话版本的流行歌曲，深受听众喜爱。
- **《喜欢上海话》**：由张志林演唱，表达了对上海话的喜爱和传承的期望。

这些作品不仅展示了吴语（上海话）的语言魅力，也反映了吴语地区丰富的文化底蕴和社会生活。通过这些作品，人们可以更加深入地了解和欣赏吴语的独特之处。

以下是吴语是什么相关的视频，提供了吴语的历史、分布、特点以及与其他语言的关联，可供参考：

吴语是什么语言 | 吴语是什么语言?我来告诉你… | 吴语起源:历史人文滋润下的…

根据大模型回答的内容，得知了吴语上海话的知识，AIGC 还找到了多媒体视频，提供了很多学习资料。

第5章

培养创客

5.1 何谓创客

1. 创客的定义

创客的英语是 Maker,指那些热衷于创意、设计、制造并乐于分享自己成果的人。创客以创新为动力,通过实践将想法变为现实,从而推动社会的进步与发展。

对创客的定义可以分为广义和狭义:

1) 广义定义

创客是利用互联网、开源硬件等技术手段,将自己的创意转换为现实产品的人。创客不仅是造物者、DIY 爱好者和发明家,更是那些怀揣创意并付诸实践的先行者。

2) 狭义定义

创客特指那些在技术、艺术、科学等领域具有创新理念,并自主创业或参与创新项目的人。

2. 创客的特点

1) 创新与实践

创客以创新为核心理念,通过实践将创意变为现实。创客不断探索新技术、新方法,勇于尝试和突破。

2) 分享与合作

创客通常乐于分享自己的技术成果和创意,鼓励他人在此基础上进行创新。他们重视团队合作,通过协作实现共同的目标。

3) 跨界融合

创客文化鼓励跨界交流,将不同领域的知识和技术融合,创造出更具创新性的产品。

3. 创客的历史背景与发展

1) 起源

创客概念起源于英文单词 Maker,最早在美国等地兴起。随着数字科技、开源硬件、3D 打印等技术的快速发展,创客运动开始悄然兴起。

2）发展

在 2010 年左右，创客概念在我国开始受到关注。《创客：新工业革命》于 2012 年出版，该书作者是克里斯·安德森（Chris Anderson）。该书讨论了全球最关注的领域——制造业，同时相关话题越来越成为我国最关切的话题。这些书籍的出版以及创客空间的兴起，使创客运动在我国逐渐普及。

3）现状

如今，创客已经成为一个全球性的现象，吸引了众多科技、艺术、科学等领域的爱好者参与。在我国，创客的概念还存在着泛化的趋势，出现了"文化创客""科技创客""教育创客"等细分类别。

4. 创客的活动类型

1）正式课程教学

在学校等教育机构中，创客活动通常以日常实训实践课程的形式开展，培养学生的创新能力和实践能力。

2）比赛竞赛、项目

创客活动还包括各种比赛和竞赛、项目等形式，如创客大赛、创新创业挑战赛等比赛形式，为创客提供展示自己的创意和成果的平台。

3）创客工作坊和创新实训活动

创客工作坊和创新实训活动亦是创客交流、学习和合作的重要场所。创客可以在这些场所分享自己的经验、技术和创意，与他人共同探讨创新的方向和方法。

5. 创客的影响

1）推动创新

创客通过实践将创意变为现实，不断推动技术创新和产品创新。创客的创新成果往往具有独特的价值和市场竞争力。

2）促进经济发展

创客的创业活动为经济发展注入了新的活力。创客通过自主创业或参与创新项目，为社会创造了更多的就业机会和财富。

3）影响社会文化

创客文化鼓励创新、实践和分享，对社会文化产生了积极的影响。它倡导开放、协作、创新的精神，促进了社会文化的进步和发展。

创客可以是在校学生（大学生、中小学生），也可以是一群充满活力和创造力的已工作人群或是退休人士，他们以创新为动力，通过实践将想法变为现实。他们的活动不仅推动了技术创新和经济发展，还对社会文化产生了积极的影响。

5.2 测量技术的常用工具

1. 木工工作台

木工工作台是进行木工操作的基础工具，主要用于刨木、锯切、凿削等作业。其坚固稳定的结构确保了工作的安全性和便利性。工作台上常用的工具可分为量具（含划线工具）和操作工具两大类，木工工作台如图 5-1 所示。

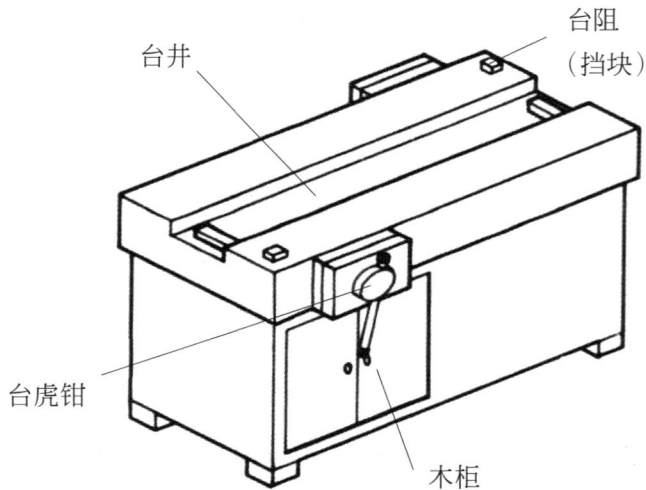

图 5-1　木工工作台

- 台井：木工工作台表面下方的凹陷区域，通常深度为 15～25cm，宽度根据工具尺寸调整。用于工具存储、木屑收集，可安装辅助设备。
- 台阻（挡块）：又叫限位块，操作过程中，对工件进行定位和固定，防止工件在加工过程中发生位移或晃动，确保加工的精度和质量。
- 台虎钳：主要用于夹紧工件，使其在加工过程中保持稳定不移动。

木工工作台及其配套工具共同为木工操作提供了高效、安全的支持。

2. 卷尺、折尺

卷尺和折尺上面有清晰的刻度，是测量长度用的，工作时可随身携带，木工卷尺如图 5-2 所示，木工折尺如图 5-3 所示。

图 5-2　木工卷尺

3. 直角尺

直角尺由相互垂直的尺杆及尺座组成，校正为 90°。主要用于测量加工件相邻是否垂直，木面是否平直，并使用其在加工件上划横线、垂直线，如图 5-4 所示。

图 5-3 木工折尺

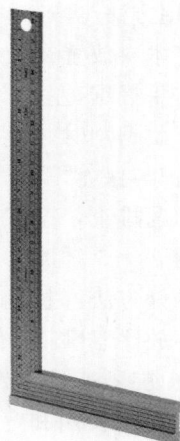

图 5-4 直角尺

4. 活动角度尺

活动角度尺由尺座、活动尺杆及螺丝组成。主要用于测量加工件两相邻面的角度或划角度线。使用时,先将螺帽放松,在量器上调好所需要的角度后,按紧螺帽,即可将活动角度尺移到加工件上进行划线测量,如图 5-5 所示。

图 5-5 活动角度尺

5. 圆规

圆规主要用于等分线段,或者画圆、画弧等。常用的木工操作工具有锯、刨、凿、斧、锤等。

6. 锯

根据用途和方向的不同,锯可分为架锯和板锯两种类型。架锯由锯条、锯拐、锯梁、锯钮和张紧绳等部件组成,具有大小和粗细之分,是木工操作中较为常用的工具,如图 5-6 所示。

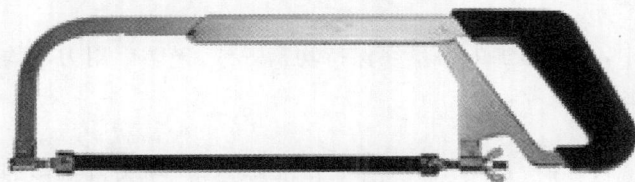

图 5-6 锯

1）使用方法

（1）将木料放置在操作台上，用脚踩稳木料。

（2）右手握锯，左手拇指按在墨线边缘，锯齿紧贴拇指。

（3）开始锯割时，先沿上线锯割，随后左手协助右手拉锯或固定木料，以防止木料晃动。

2）维护与保养

（1）问题排查：若使用一段时间后感到操作吃力，出现夹锯或锯条偏弯的情况，说明锯条需要维修。

（2）维修方法：主要通过锉锯条来解决问题，使用三角锉将锯齿锉磨锋利。

（3）存放注意事项：使用完毕后，需放松张紧绳并将锯钮恢复原位。若长期不用，可在锯条上涂抹防锈剂，防止锯条生锈。

通过正确的使用和定期维护，架锯能够保持高效的工作状态，延长使用寿命。

3）安全规程

木工使用的锯割工具种类繁多，按照框架、锯按、锯条的长度及齿距不同可分为粗、中、细三种。锯的种类大概有框锯、刀锯、槽锯、板锯、狭手锯、钢丝锯等。

在操作各类锯具时，务必严格遵循相应的安全规程，以确保人身安全与操作的顺利进行。

（1）框锯。

准备工作：

使用前，须借助旋钮将锯条角度精准调至与木架平面成 45°的习惯位置，再通过铰片适度拉紧绷绳，使锯条处于绷直且张紧的状态。

起锯操作：

开始锯割作业时，右手须牢牢握住锯把，左手则稳按于起始位置，以轻柔力度缓慢推拉锯条数次，此过程中用力不宜过猛。

锯割过程：

锯割期间，务必保持锯条垂直，切勿左右偏斜。推送锯条时，施加稍重的力量，回拉提锯时则应减轻力度，且推拉动作需保持节奏均匀、稳定。

收尾注意：

当锯割即将完成时，要用手稳稳托住即将被锯下的部分，防止其因突然掉落而造成损坏或引发安全事故。

使用后维护：

使用完毕，应及时放松锯条，并将框锯悬挂于稳固、可靠的位置，以便下次取用。

（2）横锯。

操作要点：

使用横锯过程中，双手施加的力量须保持均衡一致，谨防因用力不均导致锯条向用力较大的一侧偏移，出现跑锯现象。

偏差纠正：

倘若锯路出现偏口，须以缓慢、平稳的方式进行纠正，切不可操之过急，以免锯条被卡住，甚至发生折断的危险。

（3）钢丝锯。

力度与速度把控：

操作钢丝锯时，用力切勿过于猛烈，拉锯速度也不宜过快，以防钢丝因承受过大拉力而断裂。

安全站位：

作业过程中，作业者头部严禁处于弓架上端位置，避免钢丝一旦折断，回弹造成面部意外伤害。

（4）锯具检查与维护。

定期检查：

应随时对锯条的锋利程度以及锯架、锯把柄的牢固状况进行细致检查。

及时修理：

一旦发现锯齿变钝、斜度不均匀，或者绳索、螺母、旋钮、把柄及木架等部件出现损坏，须即刻进行修理与修整。待锯具恢复正常性能后，方可继续投入使用。

5.3 电动工具

5.3.1 简述

电动工具是以电动机或电磁铁为动力，通过传动机构驱动工作头的一种机械化工具。用手握持操作，以小功率电动机或电磁铁作为动力，通过传动机构来驱动作业工作头的工具。

电动工具主要分为金属切削电动工具、研磨电动工具、装配电动工具和铁道用电动工具。常见的电动工具有电钻、电动砂轮机、电动扳手和电动螺丝刀、电锤和冲击电钻、电刨。

（1）电钻。

主要规格有 4mm、6mm、8mm、10mm、13mm、16mm、19mm、23mm、32mm、38mm、49mm 等，数字指在抗拉强度为 390N/mm 的钢材上钻孔的钻头最大直径。对有色金属、塑料等材料最大钻孔直径可比原规格大 30%～50%。

（2）电动砂轮机。

用砂轮或磨盘进行磨削的工具。有直向电动砂轮机和电动角向磨光机。

（3）电动扳手和电动螺丝刀。

用于装卸螺纹联接件。电动扳手的传动机构由行星齿轮和滚珠螺旋槽冲击机构组成。规格有 M8、M12、M16、M20、M24、M30 等。电动螺丝刀采用牙嵌离合器传动机构或齿轮传动机构，规格有 M1、M2、M3、M4、M6 等。

（4）电锤和冲击电钻。

用于混凝土、砖墙及建筑构件上凿孔、开槽、打毛。结合膨胀螺栓使用，可提高各种管线、机床设备的安装速度和质量。

（5）电刨。

用于刨削木材或木结构件，装在台架上也可作小型台刨使用。电刨的刀轴由电动机转轴通过皮带驱动。

5.3.2　安全防护

电动工具的安全防护主要涵盖以下 4 种类型。

1. Ⅰ类工具安全防护

Ⅰ类工具内部设有接地装置,其绝缘结构中,多数部位甚至全部具备基本绝缘。一旦绝缘层出现损坏,由于可触及的金属零件通过接地装置,与固定线路内的保护接地(详见接地相关内容)或者保护接零导线相连,该金属零件不会带电,从而有效避免操作者触电。

2. Ⅱ类工具安全防护

Ⅱ类工具的绝缘结构由基本绝缘与附加绝缘共同构成双重绝缘,或者采用加强绝缘。当基本绝缘失效时,附加绝缘能够将操作者与带电体隔离开来,防止触电事故发生。此类工具必须配备不可重接的电源插头,并且严禁进行接地操作。

3. Ⅲ类工具安全防护

Ⅲ类工具由安全电压电源供电。安全电压是指导体之间,或者任一导体与大地之间的空载电压有效值不超过 50V;对于三相电源而言,导体与中线之间的空载电压有效值不超过 29V。通常,安全电压由安全隔离变压器或具有独立绕组的变流器提供。Ⅲ类工具上不允许设置保护接地装置。

4. 无线电干扰的抑制

带有换向器的单相串激电动机以及直流电动机,会对电视机、收音机产生严重的电磁干扰。因此,在电动工具的设计环节,需要考虑抑制对无线电的干扰。主要采取的措施包括屏蔽、将励磁绕组对称联接、设置电气滤波器,以及将滤波器接成△形等。必要情况下,还可在电动机电枢的两端串接小电感线圈。

5.3.3　电动工具的产品认证

随着全球经济一体化的加速,产品认证在国内外的重要性日益凸显。在产品的设计、制造、试验、销售和使用等全生命周期中,企业越来越依赖第三方认证机构,以确保产品符合质量标准,提升市场竞争力,保障消费者权益。

1. 中国电工产品认证的最新发展

中国电工产品认证体系不断更新和完善。例如,中国质量认证中心(China Quality Certification Center,CQC)近期对启动装置(电子触发器)的安全认证规则进行了修订,新版规则自 2025 年 12 月 31 日起全面实施。此外,电动工具的强制性产品认证规则也持续优化,目前涵盖电钻、电动砂轮机、电锤等产品。

2. 国际合作与互认

近年来,中国在国际合作和互认方面取得了显著进展。例如,2024 年发布的质量认证"小而美"国际互认合作优秀案例展示了中国在新能源汽车、绿色低碳等领域的国际合作成果。此外,中国与非洲国家在新能源汽车领域的认证认可体系也实现了互联互通。

3. 电动工具 CCC 认证的最新要求

电动工具的 CCC 认证规则已更新,认证依据标准包括 GB/T 4706.1—2024 等新版国家标准,这些标准已于 2024 年 7 月 24 日发布,将于 2026 年 8 月 1 日正式实施。GB 4343.1—2024《电磁兼容家用电器、电动工具和类似器具的要求》已于 2024 年 5 月 28 日发布,将于

2026 年 6 月 1 日实施。

4．产品认证的重要性

产品认证不仅是提升产品质量和企业信誉的重要手段,还能帮助企业降低贸易风险,满足市场准入要求。例如,充电桩自 2026 年 8 月 1 日起将全面纳入 CCC 认证范围,未获认证的产品将不得销售或进口。

凡企业持有合格证书,产品上有合格标志的电动工具产品才允许生产和销售。电动工具产品的认证有效期为 5 年。

中国电工产品认证委员会(China Commission for Conformity Certification of Electrical Equipment,CCEE)于 1984 年由中国国家认证认可监督管理委员会批准成立。CCEE 是代表中国参加国际电工委员会电工产品安全认证组织(IECEE)的唯一机构,是中国电工产品领域的国家认证组织,其常设办事机构是秘书处。CCEE 下设有电工设备、电子产品、家用电器、照明设备 4 个分委员会和 25 个检测站。

5．未来展望

随着国际标准的不断更新和国际合作的深化,中国的产品认证体系将继续与国际接轨。例如,中国积极参与联合国全球技术法规(UN GTR)的修订,推动更多产品实现国际互认。

产品认证在提升产品质量、促进国际贸易和保障消费者权益方面发挥着重要作用。企业需要密切关注认证规则的更新,确保产品符合最新标准,以提升市场竞争力和国际影响力。

5.4　常用电动工具的使用

5.4.1　手电钻

1．用途

手电钻就是以交流电源或直流电池为动力的钻孔工具,是手持式电动工具的一种。手电钻是电动工具行业销量最大的产品,广泛用于建筑、装修、家具等行业,用于在物件上开孔或洞穿物体。

2．主要构成

手电钻由钻夹头、输出轴、齿轮、转子、定子、机壳、开关和电缆线组成,博世 GBM 10RE 手电钻设计小巧轻盈(机身长 21 厘米),力量强劲(功率高达 450 瓦),而且坚固耐用,应用于钢材、铝材或木材之上。

手电钻的结构如图 5-7 所示,1 代表齿环夹头;2 代表心轴环;3 代表腰带夹;4 代表锁定钮;5 代表起停开关;6 代表转向选择开关。

3．安全注意事项

- 在户外使用机器时,必须使用最大释放电流不超过 30mA 的剩余电流动作装置,并且仅使用专为户外设计的防水延长线。
- 在将机器插头插入插座之前,确保机器已完全关闭。
- 工作时,请将电线整齐地放置在机器后端,避免电线缠绕或阻碍操作。
- 钻孔作业时,务必使用辅助把手,以确保操作稳定。
- 在可能存在埋藏电线的区域作业时,必须始终握住绝缘手柄操作机器。如果机器意外接触到带电电缆,金属部件可能会带电,从而引发触电危险。

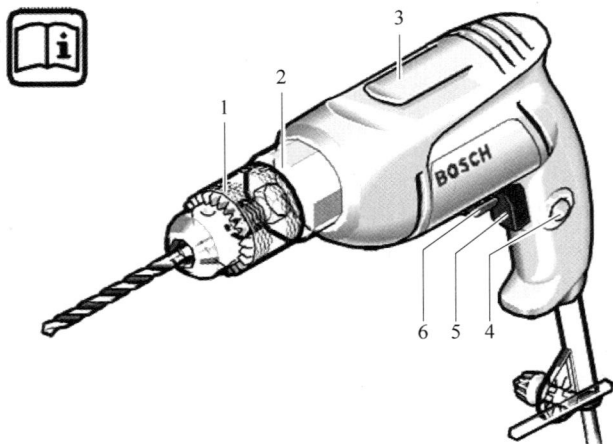

图 5-7　手电钻的结构

- 切勿在已埋藏电线、燃气管道或水管的区域进行钻孔或切割作业,否则可能导致火灾或触电事故。
- 如果钻头未牢固安装,机器可能会发生强烈反弹。此时,必须立即关闭机器。
- 操作时,必须双手紧握机器,并确保双脚站稳,保持良好的平衡。
- 在旋入长螺丝时要格外小心,防止螺丝滑脱。
- 在拧入或拧出螺丝时,应使用机器的第一档或低转速挡位。
- 在将机器放置在螺母或螺丝上之前,请先关闭机器。
- 只有在机器完全停稳后,才能将其放置在地面上。
- 严禁将机器交给儿童操作。

4. 起动及关闭

- 瞬间运作。

起动:按下起停开关 5。关闭:放开起停开关 5。

- 持续运作。

起动:按住起停开关 5,并以锁定钮 4 来锁定起停开关,以保持开动状态。关闭:按下起停开关 5,并随即将其放开。

5. 安装钻头

手电钻的钻头的拆装如图 5-8 所示,7 代表夹头扳手;8 代表无扳手夹头。

齿环夹头如图 5-8(a)所示,把钻头插入,然后把夹头扳手 7 先后插入夹头上的三个孔中,以同等力度收紧。

无扳手夹头如图 5-8(b)所示,安装钻头时,请先固定无扳手夹头 8,然后套上套筒。接着,转动前套筒,直至夹头开口足够大,使钻头能够顺利插入。插入钻头后,固定好后套筒,然后用手转动前套筒,直至听到"咔嗒"声,表示夹头已自动锁紧。

若需卸下钻头,只需将前套筒朝相反方向转动,锁定状态会自动解除。

如需转换旋转方向,可使用转向选择开关 6。按下起停开关 5 时,转向选择开关 6 将锁定。

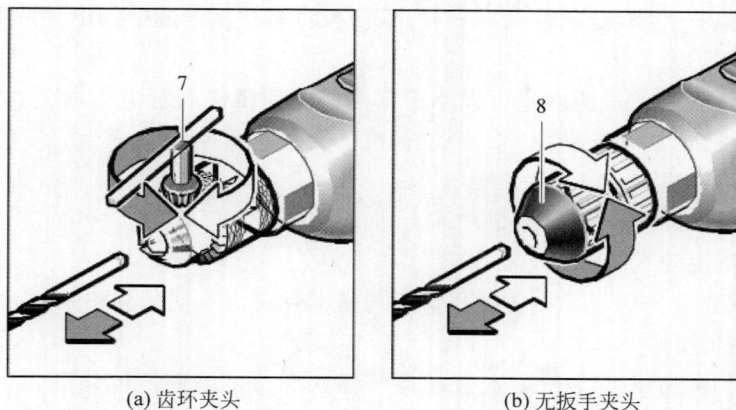

(a) 齿环夹头　　　　　　　　(b) 无扳手夹头

图 5-8　手电钻的钻头的拆装

6. 维护与清洁

对机器作任何维护工作之前,一定要先拔出插头。

5.4.2　曲线锯

1. 定义

曲线锯是一种电动工具,主要用于切割各种材料,尤其是能够轻松切割出复杂的曲线形状。主要由串激电机、减速齿轮、往复杆、平衡板、底板、开关、调速器等部件组成。工作原理是电机通过齿轮减速,大齿轮上的偏心滚套带动往复杆及锯条做往复运动,从而实现对材料的锯割,这种工作方式使得曲线锯在操作时能够更加灵活自如,适应各种复杂的切割需求。

曲线锯适合在固定底垫上切割木材、塑胶、金属及橡胶。曲线锯可割锯直线,也可割锯斜角(至 45°)。

曲线锯结构如图 5-9 所示,1—起停开关;2—速度设定钮(型号 GST54E);3—起停开关锁钮;4—电源电线;5—六角扳手;6—底盘;7—导引轮;8—锯刀片;9—冲击杆;10—隔离保护装置;11—螺丝起子;12—固定螺丝;13—刻度;14—定位销/标记;15—螺丝(2x);16—角度测量尺;17—螺纹孔;18—防毛边压板;19—平行导引/圆锯导引。

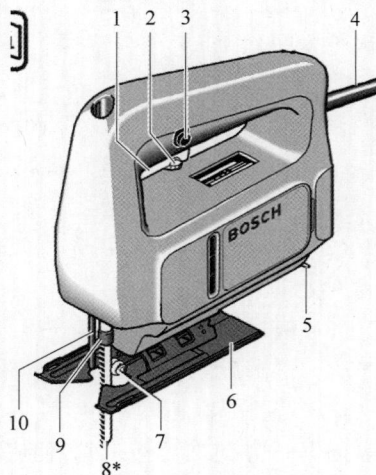

图 5-9　曲线锯结构

2. 安全注意事项:勿加工含石棉材料

在户外使用机器时,必须使用最大释放电流为 30mA 的剩余电流保护装置,并仅搭配户外专用的防水延长线。在插入插头之前,请确保机器已完全关闭。

工作时,应将电线整齐地放置于机器后端,避免电线缠绕或阻碍操作。启动机器后,再将其置于材料表面进行加工。锯轨的上下两端不得有任何障碍物。锯割时,必须确保整座底盘 6 紧密贴合材料表面。加工小型或薄型材料时,必须使用稳固的底垫或锯台(需另购配件)。

工作暂停时，先关闭机器，待其完全静止后，再将锯片从锯缝中抽出并放下机器（注意避免反弹危险）。

关闭机器后，切勿通过侧向施压来停止锯片。仅使用锋利且完整的锯片。如果锯片出现裂痕、弯曲或变钝，必须立即更换。严禁将机器交给儿童操作。

3. 操作使用方法

曲线锯的操作使用方法，如图 5-10 所示。

1）电压使用说明

请确保使用正确的电压。电源电压必须与机器铭牌上标明的规格一致。

2）启动/关闭操作

启动机器时，先按下起停开关 1，并保持按住状态。若需固定起停开关，可使用起停开关锁 3 将其锁定。

3）隔离保护装置

机身配备隔离保护装置 10，可有效防止操作者在工作中无意中接触到锯片，确保使用安全。

4）锯刀片的更换与安装

更换与安装如图 5-10（a）所示。

（1）在对机器进行任何维修或更换部件之前，请务必拔出插头。

（2）安装或更换锯刀片 8 时，建议佩戴防护手套以保护双手。

（3）先旋松螺丝 15，直至锯刀片导引轮能够向后移动。

（4）将螺丝起子 11 从上方插入冲击杆 9 中，并向左旋转 3～4 圈，以旋松固定螺丝 12。

（5）将锯刀片 8 插入冲击杆中。安装时，锯刀的朝向必须与锯割方向垂直交叉。

（6）调整锯刀片，使锯齿朝向切割方向，然后轻轻用力确保锯刀片正确卡牢。

（7）最后，旋紧固定螺丝 12，牢固夹住锯刀片 8。向前推动导引轮，使其紧贴锯刀背，并再次拧紧螺丝 15。

5）设定锯角

设定锯角如图 5-10（b）所示。

（1）首先，拧松螺丝 15，将底盘 6 略微向锯片方向推动，此时底盘 6 能够向左或向右摆动，摆动角度范围为 0～45°。

（2）完成初步调整后，先将螺丝 15 稍微拧紧，随后借助辅助工具（如三角尺），精确调整底盘 6 上的锯角。

（3）依据刻度 13 对锯角进行进一步校准。

（4）再次旋紧螺丝 15。

（5）若要提高割角精度，可将底盘 6 固定在 0 或 45°（左/右）的割角位置。操作时，需将底盘向马达方向推至最末端，使底盘上的凹槽与定位销 14 套合。

（6）若需设定刻度范围之外的角度，则需借助普通角度测量尺 16 辅助设定。

（7）将底盘调回 0（正常）位置时，需向后推动底盘，直至能明显感觉到底盘卡入定位销 14。

（8）向前推动导引轮，使其贴合在刀背上，再次拧紧螺丝 15。

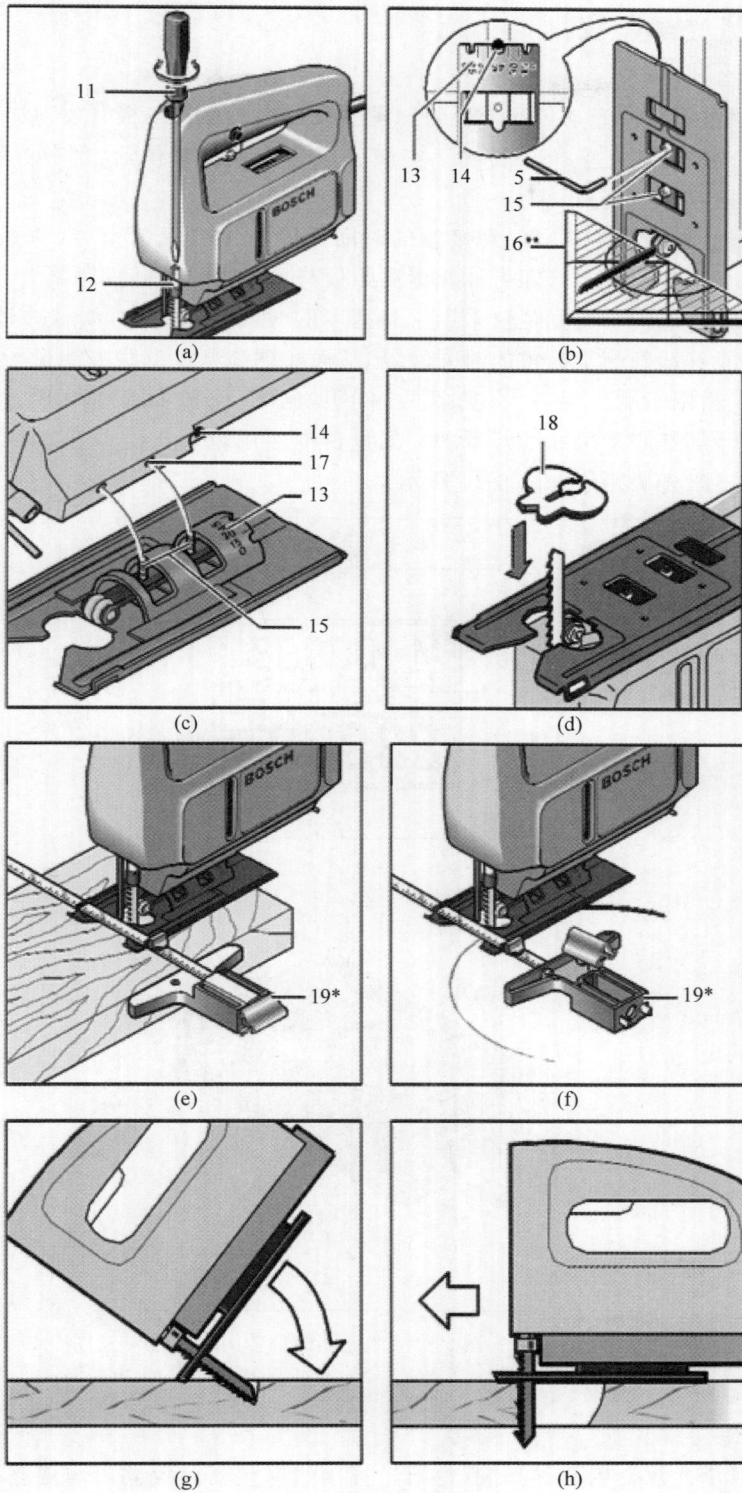

图 5-10 曲线锯的操作使用方法

5.4.3 激光测距仪

1. 介绍

激光测距仪主要基于光学传播与反射原理。仪器内的激光二极管发射出一束高能量的激光脉冲，该脉冲以光速在空气中传播。当激光束遇到目标物体后，部分光线会被反射回来，被测距仪的接收器捕获。

通过精确测量激光脉冲从发射到接收的时间间隔 t，利用公式 $d = c \times times/2$（其中 c 为光速，约为 299 792 458m/s），即可计算出测距仪与目标物体之间的距离 d。

由于光速极快，现代激光测距仪采用了高精度的时间测量技术，如脉冲计数法、相位测量法等，以确保能够精确测量极短的时间间隔，从而实现高精度的距离测量。

激光测距仪适用于测量距离、长度、高度、间距，也可以计算面积和体积。不管是室内装潢或屋外的修补，都是测量尺寸的好帮手。测量精准应用范围广泛，有自动断电、低电量显示、记忆等功能。激光测距仪如图 5-11 所示。

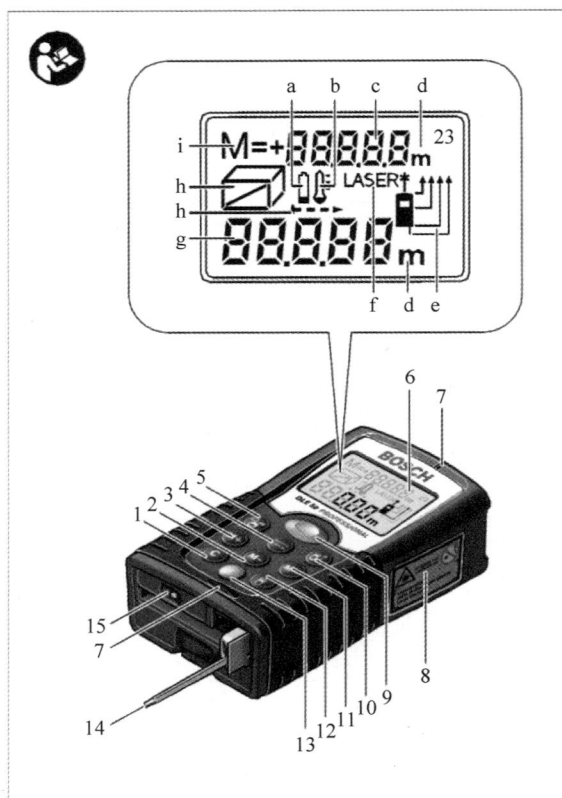

图 5-11 激光测距仪

2. 操作仪器

1）仪器使用注意事项

请勿让湿气渗入仪器内部，同时避免阳光直接照射仪器。仪器不应暴露在极端气候条件下，也不宜放置在温差过大的环境中。

2）启动/关闭操作

启动仪器时，需按下起停开关13或测量按键9。开机时，激光默认处于关闭状态。关闭仪器时，请按下起停开关13。若在5分钟内未按下任何按钮且未进行测量操作，仪器将自动关闭以保护电池。自动关机后，已保存的测量值将被保留。再次启动仪器时，显示屏上会出现"M"标记。

3）测量过程

可通过功能键选择并执行相应功能。开机时，默认设置为长度测量模式。

使用固定参考点按键10，可以选择测量时的固定参考点，共有四个选项可供选择。

开机时，默认固定参考点为仪器后缘底部。选择测量功能并设定好固定参考点后，后续所有操作均需通过测量按键9完成。将测量仪的固定参考点靠在测量基准面上（例如墙面），然后按下测量按键9以激活激光。

5.5 快速成型

5.5.1 快速成型技术原理、快速成型机的系统结构

1. 快速成型技术概念

快速成型（Rapid Prototyping，RP）技术是一种通过CAD模型直接驱动，快速制造复杂形状三维物理实体的技术总称。其核心流程如下：

1）三维模型设计

利用计算机辅助设计（Computer Aided Design，CAD）软件创建所需零件的三维数字模型。

2）模型离散化

根据工艺要求，将三维模型按一定规律离散为一系列有序单元，通常沿Z轴方向按一定厚度进行分层，将三维模型转换为一系列二维层片。

3）轮廓信息处理

提取每个层片的轮廓信息，并输入加工参数，自动生成数控代码。

4）成型与连接

通过成型机逐层加工这些层片，并自动将它们连接起来，最终形成一个完整的三维物理实体。

快速成型技术通过将复杂的三维加工简化为一系列二维层片的加工，显著降低了制造难度，实现了所谓的"降维制造"。这一方法不仅提高了制造效率，还支持复杂几何形状的快速实现，广泛应用于产品开发、模具制造等领域。快速成型的原理如图5-12所示。

2. 快速成型技术的应用领域

（1）工业设计与产品开发：快速制造产品原型，用于设计验证和功能测试。

（2）航空航天：制造复杂结构件和轻量化部件。

（3）汽车制造：快速开发汽车零部件，缩短研发周期。

（4）医疗领域：制造定制化医疗器械和植入体，如牙科修复体、骨科植入物等。

（5）建筑与文化创意：用于建筑模型制作、艺术雕塑和文化创意产品的开发。

快速成型技术的产生和发展是结合了众多当代高新技术的结果，包括计算机辅助设计

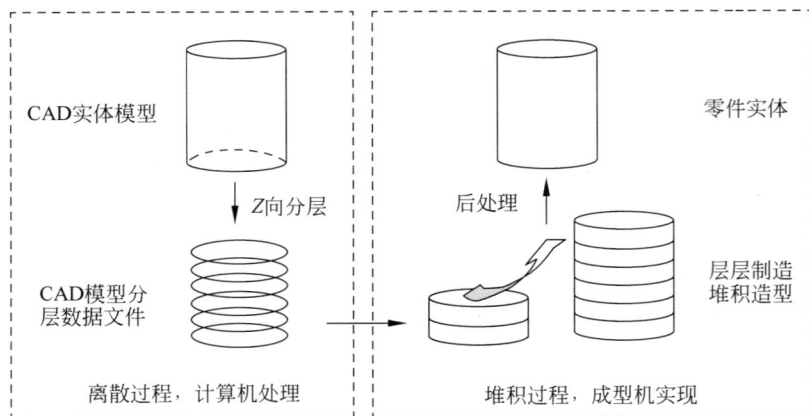

图 5-12　快速成型的原理

(CAD)、数控技术、激光技术以及材料技术等。这些技术的融合推动了 RP 技术的不断进步,并使其随着科技的更新而持续发展。自 1986 年问世以来,短短几十年间,全球已涌现出二十多种不同的成型方法和工艺,且新的方法和工艺仍在不断涌现。

以熔融挤出成型工艺为例,其材料通常为热塑性材料,如蜡、ABS、PC、尼龙等,这些材料以丝状形式供料。在加工过程中,材料在喷头内被加热至熔化状态。喷头根据零件的截面轮廓和填充轨迹进行运动,同时将熔化的材料挤出。挤出的材料迅速固化,并与周围材料牢固黏结,从而逐层构建出三维实体。

3. 快速成型机的系统结构

三维打印机/快速成型系统分为主机、电控系统两部分,主要由以下几部分系统构成。

- 系统外壳。
- 主框架。
- 电控系统。
- XY 扫描系统。
- 升降工作台。
- 喷头。
- 送丝机构。
- 成型室。

控制系统和主要机械部分结构,如图 5-13 所示。

快速成型设备的核心结构主要包括 XY 扫描系统、升降工作台、送丝机构以及成型室加热系统等部分,具体组成和功能如下:

1)XY 扫描系统

快速成型系统:由丝杠、导轨和伺服电机组成,负责控制喷头在 XY 平面内的精确运动。

三维打印机:由步进电机、导轨和同步齿形带组成,实现喷头的平面运动。三维打印机的工作台在出厂前已完成调平,无须额外调整。

2)升降工作台

升降工作台由步进电机、丝杠、光杠和台架组成,负责控制工作台在 Z 轴方向的升降。

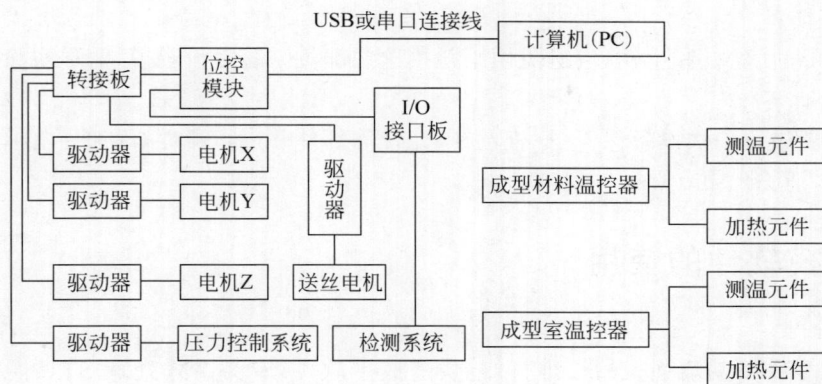

图 5-13 控制系统和主要机械部分结构

快速成型系统的工作台需要创客人员手动调平,通过工作台下的三个调整螺钉调节高度,以确保成型精度。三维打印机的工作台在出厂前已调平,无须干预。

3)送丝机构

送丝机构通过送丝管与喷头连接,成型材料从料盘进入送丝机构,由一对滚轮将材料送入送丝管,最终输送至喷头。创客人员可通过检查料盘中是否还有材料来判断喷头是否发生堵塞。

4)成型室加热系统

成型室加热系统由加热元件、测温器和风扇组成,用于维持成型室的温度稳定。如果加热元件或风扇出现故障,会导致成型室温度过低,影响成型质量。

5.5.2 系统运行环境、设备维护

1. 安装位置及环境要求

1)空间布局

主机背面与墙应保持 1m 距离,左侧离墙 1m。由于右侧需放置计算机,故离墙距离应在两米以上。主机前面需预留足够空间,以便创客人员操作。

2)环境条件

安装地点需具备良好的防尘条件,湿度应尽量控制在 30% 以内,温度保持在 25℃±5℃。

3)电源要求

电源需为单相 220V(电压波动范围为 200~240V,频率为 50/60Hz)。若不符合此要求,建议购置交流单相 220V、3KVA 的稳压电源。长期处于电压不稳定状态,会对设备造成损坏。

2. 日常维护与保养

1)废弃物清理

需经常清理成形室内部的废弃物。若发现送丝机构的啮合轮处有成形材料粉末,应使用洗耳球予以清除。

2)喷嘴维护

定期清理喷嘴。当喷头加热至指定温度后,用干净的纯棉布擦拭喷嘴,以清除黑色变质的成型材料。若黏结底板出现凹凸不平的情况,需及时更换。

3）部件防护

为防止导轨、丝杠和生锈，应避免用手触摸这些部位。若不慎触摸，需尽快涂抹机油。

4）定期保养

每月至少进行一次设备保养，检查丝杠、光杠等部件并进行清理，添加导轨油（黄油），同时清扫机器，清除尘土。

5.6 建模软件的使用

1. 界面

Aurora 是一款功能强大的三维打印/快速成型软件，专为高效处理 STL 模型而设计。它能够对模型进行分层等处理，并将结果直接输出到三维打印/快速成型系统，帮助创客人员快速、便捷地获得高质量模型原型。Aurora 以其操作简便、处理迅捷、结果精准的特点，实现了"一键打印"的便捷体验，如图 5-14 所示。

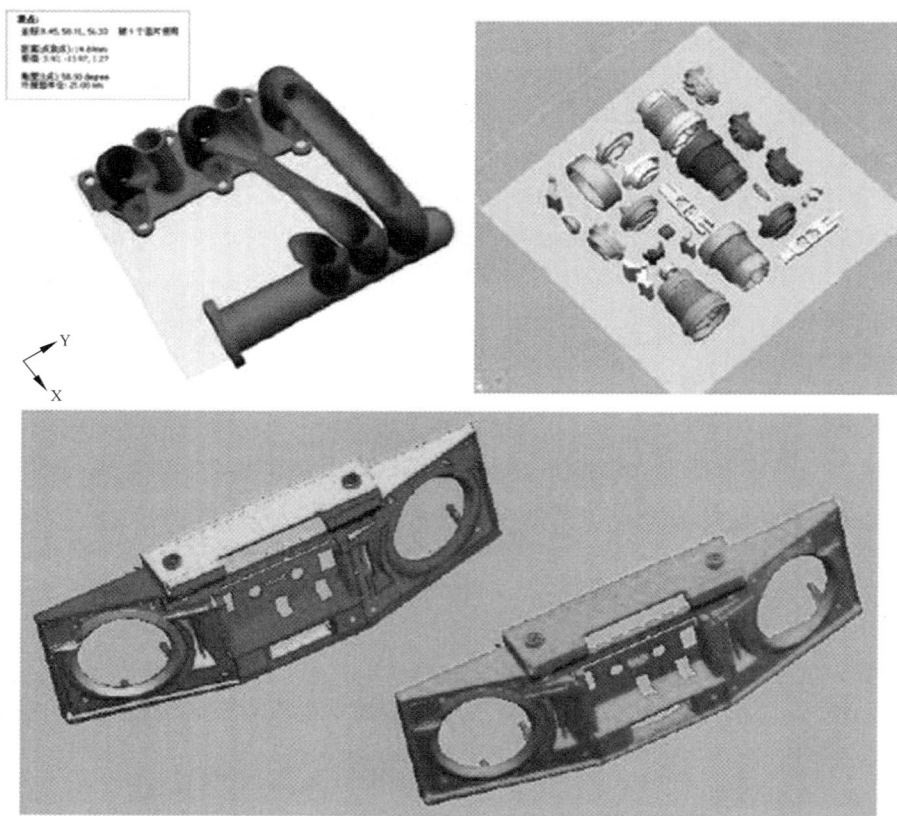

图 5-14 三维模型的测量、排样、修复

2. 建模软件的核心功能

1）输入/输出功能

支持多种文件格式，包括 STL 文件、CSM 文件（压缩的 STL 格式）和 CLI 文件。数据读取速度快，能够高效处理包含上百万片面的超大型 STL 模型。

2）三维模型显示与测量

创客人员可通过鼠标和键盘操作，轻松查看 STL 模型的任何细节，包括实体内部的孔、洞、流道等结构。

提供基于点、边、面三种基本元素的快速测量功能，自动计算并报告所选元素间的几何关系，无须切换测量模式，操作简单直观。

3）校验与修复功能

自动对 STL 模型进行修复，创客人员无须手动干预。

提供手动编辑功能，进一步增强修复能力，避免返回 CAD 系统重新输出，节省时间并提高工作效率。

4）成型准备功能

支持对 STL 模型进行多种几何操作，如变形（旋转、平移、镜像等）、分解、合并、切割等。自动排样功能可快速将多个零件合理放置在工作平台或成型空间内，显著提升快速成型系统的效率。

5）自动支撑功能

根据支撑角度、支撑结构等参数，自动生成工艺支撑。支撑结构智能选择，无须专业知识或培训，操作简单高效。

6）直接打印功能

将处理后的 STL 模型直接传送至三维打印机/快速成型系统，无须切换软件。处理算法高效且容错能力强，能够自动修复模型上的裂缝、空洞等错误。在打印过程中实时检测三维打印机/快速成型系统的状态，确保系统正常运行。

5.7　Aurora 软件操作

1. 安装

启动安装盘内的 Aurora Setup.exe 程序，按照软件提示完成安装。安装完成后，系统桌面和开始菜单中会自动添加本软件的快捷方式。

2. 启动

通过桌面或开始菜单中的快捷方式启动 Aurora 软件。软件界面组成如下。

- 上部：菜单栏和工具条，提供各项功能操作。
- 左侧：工作区窗口，包含三维模型、二维模型和三维打印机三个窗口，用于显示 STL 模型列表等信息。
- 右侧：图形窗口，用于显示三维 STL 或 CLI 模型以及打印信息。

首次运行设置如下：

- 确保三维打印机/快速成型系统与计算机连接正常。
- 打开计算机和三维打印机/快速成型系统，启动 Aurora 软件。
- 选择菜单中的"文件→三维打印机→连接"，系统将自动与三维打印机/快速成型系统通信并读取系统参数。
- 读取的系统参数会自动保存到计算机中，后续使用无须重复读取。

3. 载入 STL 模型

1）STL 格式简介

STL 格式是快速成型领域的数据转换标准，几乎所有商用 CAD 系统（如 UG/II、Pro/

E、AutoCAD、SolidWorks 等)都支持该格式。创客人员可在 CAD 系统或反求系统中将三维模型输出为 STL 格式(具体输出方式请参考相关软件的使用手册)。

注意：STL 模型是三维 CAD 模型的表面模型,由许多三角面片组成,输出时可能存在精度损失。

2)载入 STL 模型的方法

- 选择菜单"文件→载入模型"。
- 在三维模型图形窗口中使用右键菜单,或在三维模型/二维模型列表窗口的右键菜单中选择"载入模型"。
- 使用快捷键"Ctrl+L"。
- 单击工具条上的相应按钮。

3)操作步骤

- 选择命令后,系统弹出"打开文件"对话框。
- 选择一个 STL(或 CSM、CLI)文件。软件安装目录下附带一个名为 example 的 STL 模型目录,内含示例文件。
- 选择一个或多个 STL 文件后,系统开始读入模型,并在状态条显示已读入的面片数(Facet)和顶点数(Vertex)。
- 读入完成后,系统自动更新并显示 STL 模型。载入的 STL 和 CLI 模型名称会显示在左侧的三维模型或二维模型窗口中。

4)注意事项

部分操作针对单个模型,需先选择模型作为"当前模型",当前模型会以系统设定的特定颜色显示(颜色可通过"查看→色彩…"命令设定)。

CSM 文件为压缩的 STL 模型,文件大小约为原文件的 1/10,便于传输和交换,可直接读入。

4. 载入 CSM 和 CLI 模型

使用与载入 STL 模型相同的命令,在"打开文件"对话框中选择合适的文件类型即可载入 CSM 和 CLI 文件。

5. 打印

Aurora 软件支持打印三维模型窗口中的内容,并附加载入的 STL 模型信息。

5.8 三维建模的实训

三维模型操作包括坐标变换,模型合并、分解、分割,排样等。

5.8.1 坐标变换

坐标变换是对三维模型进行缩放、平移、旋转、镜像等。这些命令将改变模型的几何位置和尺寸。坐标变换命令集中在"模型→几何变换"菜单中的几何变换对话框内,分别为移动、移动至、旋转、缩放、镜像 5 种,其界面如图 5-15 所示。

1. 移动

移动是最常用的坐标变换命令,它将模型从一个位置移动到另一个位置。输入的 X,

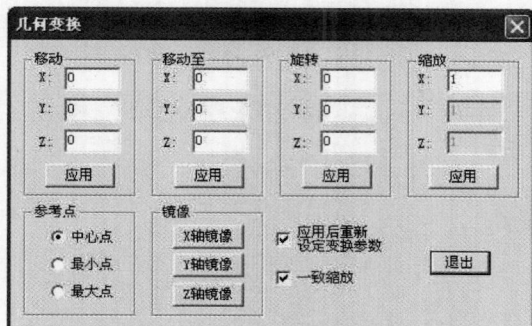

图 5-15　几何变换对话框

Y,Z 坐标为模型在 X、Y、Z 三个方向上的移动距离。

2．移动至

移动至是移动命令的另一种形式，不同于"移动"命令，它将模型参考点移动至所输入的标位置。单击"应用"按钮后，程序执行移动操作。

3．快捷操作

用鼠标左键和键盘可以完成实时模型平移，包括 XY 平移和 Z 向平移，以方便创客人员进行多零件排放。

同时按住鼠标左键和 Ctrl 键（先按下 Ctrl 键），可以在 XY 平面上进行平移操作。

同时按住鼠标左键和 Shift 键（先按下 Shift 键），可以在 Z 方向上移动选择的三维模型。

4．旋转

旋转也是一个常用的坐标变换命令，该命令以参考点为中心点对模型绕 X、Y、Z 轴进行旋转。同时按住鼠标左键和 ALT 键（先按下 ALT 键），可以在 X、Y、Z 轴实时旋转三维模型。

5．缩放

以某点为参考点对模型进行比例缩放。如果选中了"一致缩放"，则 X、Y、Z 方向以相同的比例缩放，否则要对 X、Y、Z 轴分别设定缩放比例。

6．镜像

镜像是较少使用的几何变换命令。应用镜像时所选择的轴，为镜像平面的法向轴。

5.8.2　处理多个三维模型

快速原型工艺通常具备同时成型多个原型的能力。与之相应，可以支持同时处理多个 STL 模型。当系统载入多个 STL 模型后，创客人员既能够对这些模型分别进行处理，也可将它们作为一个整体一并处理。

系统成功载入多个模型后，左侧的三维模型列表窗口便会按顺序依次显示各个 STL 文件的名称。在这个树状列表里，创客人员只需简单操作，即可选择其中任意一个 STL 模型，将其设定为激活的 STL 模型。一旦模型被激活，它便会在图形窗口中以区别于其他模型的独特颜色呈现出来。至于激活模型所显示的颜色，创客人员可通过执行"色彩设定"命令来自主选择，轻松满足个性化的视觉需求。

如图 5-16 所示,同时载入了多个模型,激活的模型用粉色显示。同时,模型列表下面的窗口还会显示选中模型的信息,包括面片、顶点、体积、面积、尺寸等。

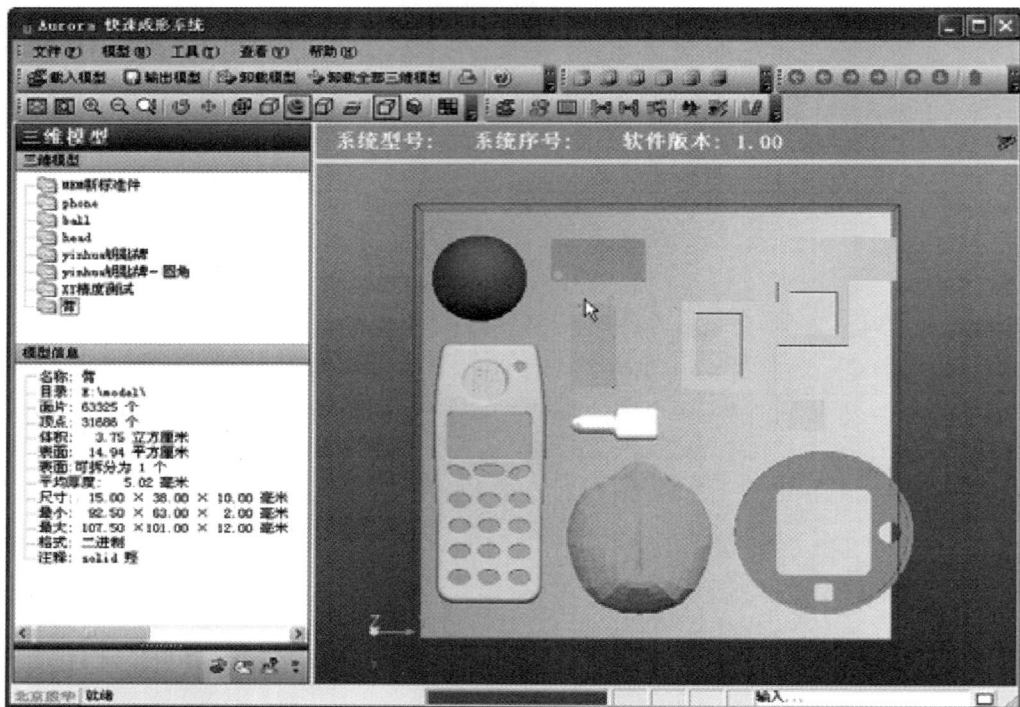

图 5-16　对多个 STL 模型进行建模

注意：部分命令对所有已载入 STL 模型有效,另一部分则只对当前模型有效,创客人员使用时要注意。选择激活的三维模型有两种方式,一是鼠标单击列表中该 STL 的名称,二是在图形窗口中选择。当一次成型多个模型时,创客人员可以使用自动排样(自动布局)功能,该命令能自动安排模型的成型位置,可以大大提高成型准备工作的效率。

5.8.3　三维模型合并、分解及分割

为方便多个三维模型处理,可以将多个三维模型合并为一个模型并保存。在三维模型列表窗口中选择零件,然后选择"合并"命令(合并模型),合并后自动生成一个名为"Merge"的模型。合并多个 STL 模型如图 5-17 所示。

与合并操作相反的是分解操作,若一个三维模型中包含若干互不相连的部分,则该命令将其分解为若干各独立的 STL 模型。

激活要分解的三维模型,然后选择"分解"命令(分解模型),该模型将分解为多个模型,并依次在每个模型后添加"序号"进行区别。

与模型分解有一个类似命令——"分割"(分割)。该命令将一个三维模型在一个确定的高度分割为两个三维模型。选中要分割的三维模型,然后选择"分割"命令,系统弹出对话框,如图 5-18 所示。

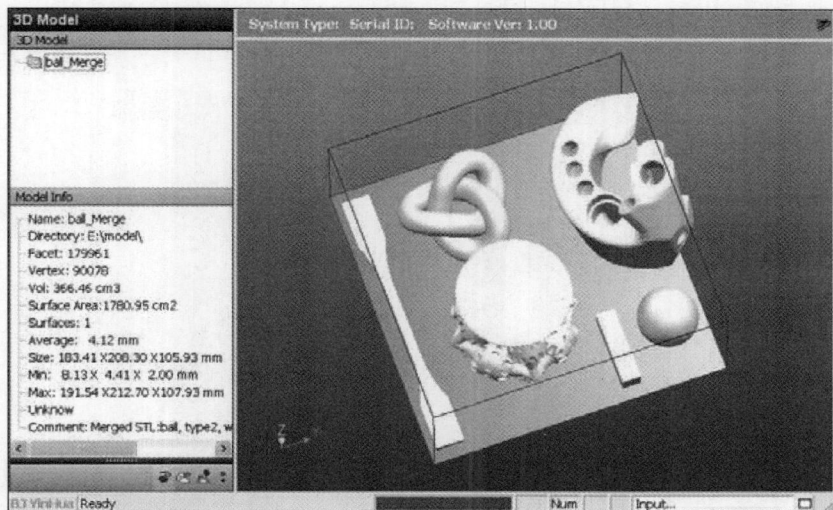

图 5-17　合并多个 STL 模型

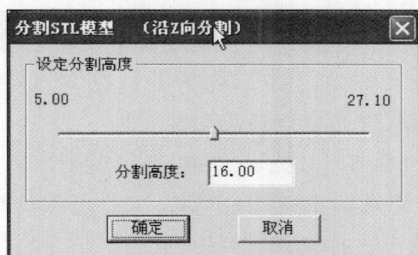

图 5-18　模型分割对话框

　　对话框中的移动标尺可以设定模型的分割高度,同时在标尺下面的编辑框中同样可以输入分割位置。当设定新的分割高度或拖动标尺时,图形窗口会实时显示该高度上的截面轮廓。下面两个按钮分别为"确定""取消"。设定分割高度后,图形窗口中的三维模型会在分割位置显示其轮廓,如图 5-19 所示。

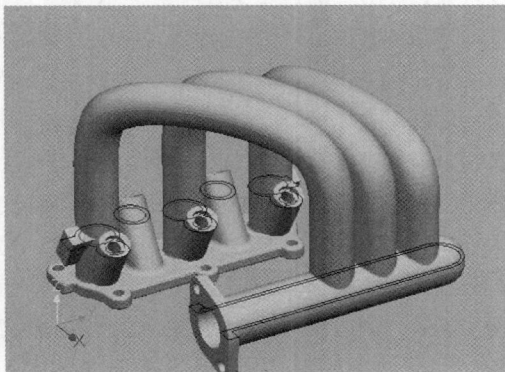

图 5-19　预览分割效果

　　分割位置确定后,单击"确定"按钮,开始分割,三维模型分割为上、下两部分,生成两个STL 模型,系统自动在原文件名后加"_UP"和"_DOWN"以示区别。模型分割在制作超过快速原型系统成型空间的大尺寸原型时非常有用，可提高成型系统的成型较大原型的能力。模型分割与分割后移动如图 5-20 所示。

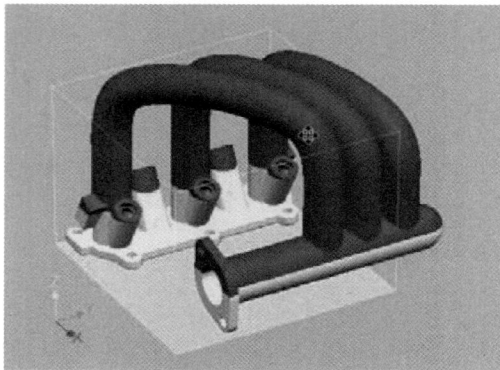

图 5-20　模型分割与分割后移动

5.8.4　STL 模型检验和修复

快速成型工艺对 STL 文件的正确性与合理性有着严苛要求。确保 STL 模型不存在裂缝、空洞、悬面、重叠面以及交叉面至关重要，因为一旦存在这些问题，在分层处理后极易出现不封闭的区域以及歧义现象，进而影响成型效果。

一般，从计算机辅助设计（CAD）系统输出的 STL 模型出错概率相对较低，而通过反求系统获取的 STL 模型则较易出现错误。探寻 STL 文件的错误成因以及研究自动修复错误的方法，始终是快速成型软件领域的关键研究方向。

基于深入分析与实际使用经验，STL 文件的错误大致可归纳为以下四类。

- 法向错误：这类错误属于中小程度的问题。
- 面片边不相连：具体涵盖多种情形，诸如裂缝或空洞、悬面、不相接的面片等。
- 相交或自相交的体或面：模型中存在体与体、面与面相互交叉的情况。
- 文件不完全或损坏：导致文件缺失关键信息或部分数据受损。

STL 文件出现的诸多问题，根源常常在于 CAD 系统本身。对于较为严重的问题，例如大空洞、大量面片缺失、较大范围的体自交等，最佳解决方式是返回 CAD 系统进行处理。而对于一些相对较小的问题，借助自动修复功能就能予以解决，无须再次从 CAD 系统重新输出，如此可有效节省时间，大幅提升工作效率。

CAD 系统所采用的 STL 模型处理算法具备高度的容错性。对于部分小错误，像裂缝（包括几何裂缝和拓扑裂缝）以及形状较为规则的孔洞，软件能够自动进行缝合，无须人工干预修复。但法向错误则有所不同，鉴于其对支撑结构和表面成型效果存在影响，因此需要通过手工操作或借助自动修复工具加以修正。在三维显示窗口中，STL 模型会自动以不同颜色呈现，当出现法向错误时，对应的面片将以红色醒目显示。若模型中出现红色区域，便表明该文件存在错误，必须进行修复。存在错误的 STL 模型如图 5-21 所示。

使用"校验并修复"功能可以自动修复模型的错误。启动该功能后，系统提示创客人员设定校验点数，点数越多，修复的正确率越高，数一般设为 5 就足够了。修复后的 STL 模型如图 5-22 所示。

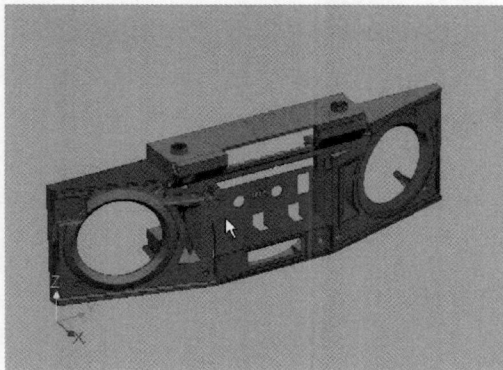

图 5-21 存在错误的 STL 模型

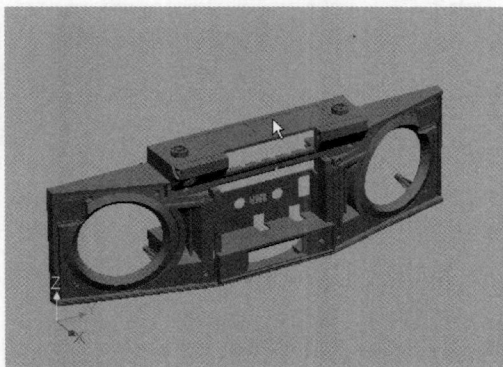

图 5-22 修复后的 STL 模型

5.8.5 三维模型的测量和修改

模型测量对于创客人员是个非常重要的工具,它可以帮助创客人员了解模型的重要尺寸,检验原型的精度,而无须回到 CAD 系统中。首先选择被测量的模型,然后选择菜单"模型→测量"(　　　),可以进入测量和修改模式。测量是基于三种基本元素进行的——顶点、边和面片。通过单击,可以在图形窗口任意拾取这三种元素。

注意:

单击——拾取面片;

按住 Ctrl 键,单击——拾取边;

按住 Shift 键,单击——拾取顶点。

1. 测量

创客人员拾取被测量体后,系统在弹出一个窗口,显示被测体的几何信息,如图 5-23 所示。

系统会根据选择元素的类型,自动计算可提供的几何信息,这样可以减少不同测量模式之间的切换操作,大幅提高测量的速度和易用性。

- 顶点信息:坐标值、引用面片数。
- 边信息:顶点坐标值、长度。
- 面片信息:三个顶点坐标值、面积。

顶点：
坐标：101.33，96.11，36.50　　被5个面片使用
距离（点到点）：4.11 mm
差值：−1.75，3.43，1.45
角度（3点）：45.00 degree
外接圆半径：7.00 mm

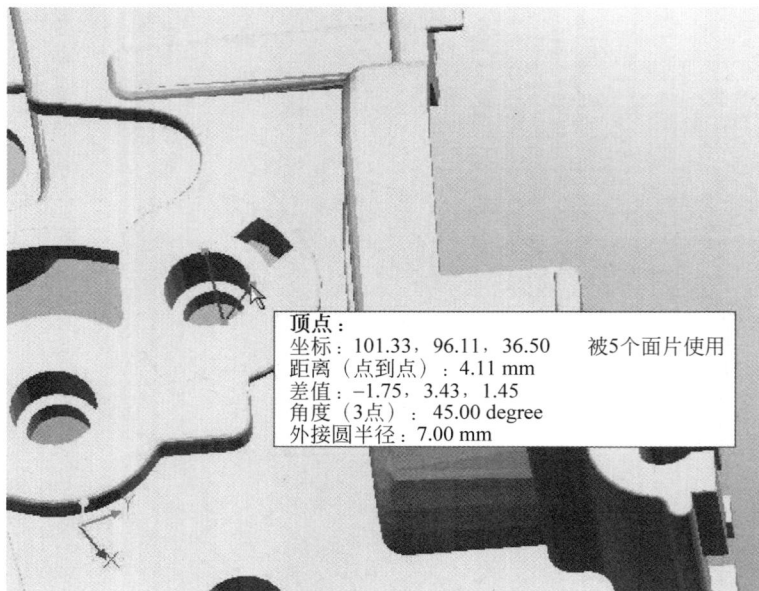

图 5-23　测量三个点

- 不同元素间的几何信息：顶点和顶点直线距离、XYZ 差值；
- 连续三个顶点：两条段间的夹角、三点外接圆的半径（选择同一个圆弧上的三个点，可测量其半径）。
- 顶点和边：点到边的距离。
- 顶点和面片：顶点到面片的距离。
- 边和边：两条边间的夹角，当边平行时，计算两边间的距离。
- 边和面片：边和面片间的夹角，当平行时，计算它们之间的距离。
- 面片和面片：面片平行时，计算它们之间的距离。

2. 修改

当 STL 模型出现错误，自动修复功能不能完全修复时，可以使用修改功能对其进行交互修复。

修复过程如图 5-24、图 5-25 所示，步骤如下。

（1）首先选择三维模型，进入"测量"模式。

（2）拾取错误表面上的一个面片。

（3）右击，弹出快捷菜单。

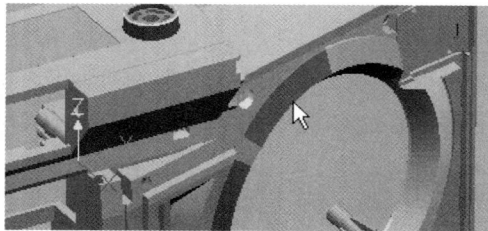

图 5-24　拾取错误表面上的面片

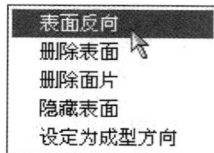

表面反向
删除表面
删除面片
隐藏表面
设定为成型方向

图 5-25　快捷菜单

5.8.6 分层

1. 分层前的准备

分层是三维打印/快速成型的第一步,在分层前,要首先做如下准备:检查三维模型(看是否有错误,如法向错误、空洞、裂缝、实体相交等),确定成型方向(把模型旋转到最合适的成型方向和位置)。分层参数对话框如图 5-26 所示。

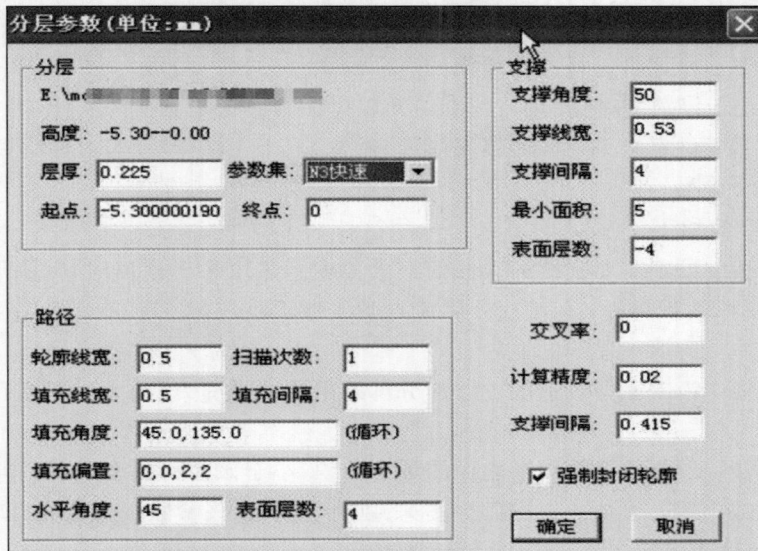

图 5-26　分层参数对话框

2. 分层参数详解

1)分层后的层片结构

轮廓部分、内部填充部分和支撑部分。轮廓部分依据模型层片的边界生成,可进行多次扫描。内部填充采用单向扫描线填充原型内部的非轮廓区域,根据相邻填充线之间的间距,可分为标准填充(无间隙)和孔隙填充(有间隙)两种模式。标准填充用于原型表面,而孔隙填充则用于原型内部,以显著减少材料使用量。支撑部分位于原型外部,用于固定和支撑原型的辅助结构。

2)分层参数

分层、路径和支撑。大多数参数已固化在三维打印机或快速成型系统中,用户通常只需根据喷嘴大小和成型要求选择合适的参数集,无须修改预设参数。

分层部分包含四个参数:层片厚度、起始高度、终止高度和参数集。层厚指快速成型系统的单层厚度;起始高度一般为 0;终止高度通常为模型的最高点。参数集是三维打印机或快速成型系统预置的参数集合,涵盖了路径和支撑部分的大部分参数设定。

3)轮廓和填充处理参数

路径部分涉及快速原型系统制造原型部分的轮廓和填充处理参数,具体如下。

- 轮廓线宽:层片轮廓的扫描线宽度,通常为喷嘴直径的 1.3～1.6 倍,受喷嘴直径、层片厚度、喷射速度和扫描速度的影响。
- 扫描次数:层片轮廓的扫描次数,通常为 1～2 次,后续扫描轮廓会向内偏移一个轮廓线宽。

- 填充线宽：层片填充线的宽度，同样受喷嘴直径、层片厚度、喷射速度和扫描速度的影响，需根据原型实际情况调整。
- 填充间隔：对于厚壁原型，可采用孔隙填充方法，即相邻填充线间有一定间隔。参数为 1 时，填充线无间隔；大于 1 时，间隔为 $(n-1)$ 个填充线宽。
- 填充偏置：设定每层填充线的偏置数，最多可输入 6 个值，每层依次循环。当填充间隔为 1 时，此参数无效。
- 水平角度：设定可进行孔隙填充的表面的最小角度。角度大于该值时，可进行孔隙填充；小于该值时，需要进行标准填充以保证表面密实。
- 表面层数：设定水平表面的填充厚度，通常为 2～4 层，厚度为层厚乘以该值。

4）支撑部分参数

支撑部分参数如下。

- 支撑角度：设定需要支撑的表面的最大角度。角度小于该值时，需添加支撑。角度越大，支撑面积越大；角度过小可能导致支撑不稳定。
- 支撑线宽：支撑扫描线的宽度。
- 支撑间隔：距离原型较远的支撑部分可采用孔隙填充，以减少材料使用并提高造型速度。
- 最小面积：需要填充的支撑表面的最小面积，小于该面积的表面可不进行支撑。
- 表面层数：靠近原型的支撑部分需采用标准填充，该参数设定标准填充的层数，通常为 2～4 层。

扫描次数为 3、填充角度为 30、填充间隔为 2 的标准填充层和孔隙填充层，如图 5-27 所示。

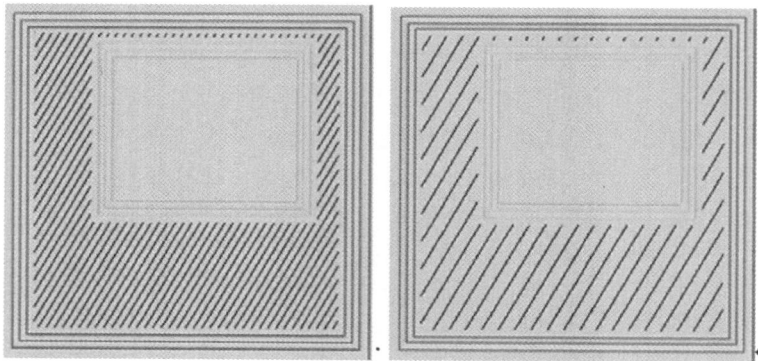

图 5-27　层片规划结果

5.9　三维打印/快速成型

5.9.1　熔融挤压工艺原理

熔融挤出成型工艺所使用的材料通常为热塑性材料，如蜡、ABS、PC、尼龙等，这些材料以丝状形式供料。在喷头内部，材料被加热至熔化状态。喷头依照零件的截面轮廓与填充轨迹移动，将熔化的材料挤出。挤出的材料会迅速固化，并与周边材料相互黏结。每一层片均是在其上层的基础上堆积形成,上层对当前层起到定位与支撑的作用。随着成型高度不断增加,层片轮廓的面积与形状均会发生改变。当形状变化幅度较大时,上层轮廓便无法为当前层提供足够的定位和支撑,此时就需要设计一些辅助结构(即"支撑"),为后续层提供定位与支撑,从而确保成型过程能够顺利进行。熔融挤压工艺原理如图 5-28 所示。

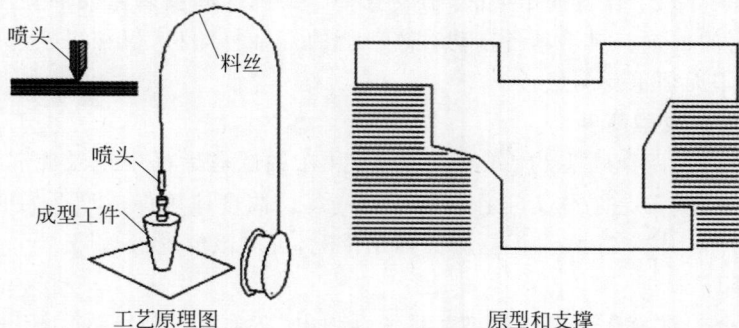

工艺原理图　　　　　　　　　　　原型和支撑

图 5-28　熔融挤压工艺原理

这种工艺不用激光,使用和维护简单,成本较低。用 ABS 制造的原型因具有较高强度而在产品设计、测试与评估等方面得到广泛应用。近年来又开发出 PC、PC/ABS、PPSF 等更高强度的成型材料,使得该工艺有可能直接制造功能性零件。

5.9.2　三维打印机命令

控制三维打印/快速成型的命令包括:连接、初始化、调试、送进材料、更新料盘/喷头、平台调整、打印模型等。三维打印机相关命令如图 5-29 所示。

各命令功能如下。

1. 连接

连接三维打印机/快速成型系统,读取系统预设参数。

2. 初始化

三维打印机/快速成型系统执行初始化操作。

3. 调试

手动控制三维打印机/快速成型系统。

4. 送进材料

自动送进材料,将材料送入送丝机构后,该命令可以自动送进材料到喷头中,用于自动装入新材料。

图 5-29　三维打印机相关命令

5. 更新料盘/喷头

更新料盘和喷头时使用,可帮助用户记录材料和喷头使用信息。

6. 平台调整

按系统预设程序,在三个位置调整平台,使其与打印平面平行。系统会依次在各点停留两次,可在喷头停止时调整螺钉,调平工作台。

7. 打印模型

开始打印模型。打印命令将输出所有已载入的二维层片模型,即一次可以打印多个三维模型。

5.9.3 打印模型

1. 调整并测量工作台高度

打开三维打印机后,首先将工作台升高至靠近喷头的位置。在升高工作台时须格外小心,避免速度过快导致工作台撞击喷头,引发意外。为确保高度测量的准确性,可先将喷头移动到便于观察的位置。对于具备自动对高功能的三维打印机,仅在更换喷头后需测量一次高度,后续打印无须重复测量。

2. 设置工作台成型高度

将工作台升高至距离喷头约 1mm 的高度,并在调试对话框中记录此时的高度值。在此基础上,再增加 1mm 左右作为工作台的成型高度。高度应确保成型开始时,喷头与工作台的距离保持在 0.1～0.3mm。根据底面黏结情况,可对该值进行微调。

3. 启动打印

单击"文件→三维打印→打印模型",系统会弹出"三维打印"对话框。用户可在"层片范围"中选择要输出的层数,包括开始层和结束层。系统默认从第一层打印至最后一层。

4. 输入工作台高度

系统弹出工作台高度对话框后,输入之前测量并记录的工作台到喷头的距离。

5. 开始打印

输入完成后,系统将自动启动打印过程。

第6章

工程创新素质教育
——以大学生创新创业教育为例

6.1 企业案例：工匠精神

人物：林学斌。

解决问题：解决中包喷补装置问题。

1992年，鞍钢三炼钢厂从日本引进了一套中包喷补装置，这套装置在试车过程中频繁出现"喷补过程中自动停止"的问题，严重影响了生产效率和设备的正常运行。日方派来的两名调试专家尝试通过电话和传真向本部寻求技术支持，但经过数日的努力仍未找到问题的症结。

林学斌下班后回到家中，挑灯夜战，仔细研究设备图纸和相关程序。经过连续多日的钻研和反复推敲，林学斌终于发现了问题的症结所在，并通过修改程序成功解决了这一困扰日方专家多日的技术难题。

这次成功解决中包喷补装置问题的经历，极大地增强了林学斌的自信心和技术能力。他意识到，只要敢于面对挑战、勇于创新，就一定能够攻克技术难题。此后，林学斌更加坚定了在技术创新和设备改进方面的追求。

林学斌（图6-1）在解决这一问题后，继续扎根生产一线，通过不断学习和实践，他先后获得了中国计算机函授学院计算机应用专业、大连外国语大学日语专业和鞍钢职工大学工业企业电气自动化专业等三个大专文凭。他的技术水平和解决实际问题的能力得到了进一步提升，为他在鞍钢集团的后续发展奠定了坚实的基础。

• 对鞍钢集团发展的意义。

林学斌成功解决中包喷补装置问题，不仅确保了该设备的正常运行和生产效率的提升，也为鞍钢集团在引进和消化吸收国外先进技术方面积累了宝贵经验。这一事件让鞍钢集团认识到，通过培养和依靠像林学斌这样具有创新精神和扎实技术的本土工人，完全有能力解决引进设备中的复杂技术问题，从而更好地推动企业的技术进步和生产发展。

图 6-1 林学斌扎根生产一线

同时,林学斌的成功也激发了鞍钢集团其他工人的学习热情和创新意识。在他的带动下,整个钢厂形成了浓厚的学习文化、技能提升和技术创新氛围,工人们纷纷努力提高自身素质,积极参与技术改进和创新活动,为企业的持续发展注入了新的活力。

- 后续成就与影响。

在解决中包喷补装置问题后,林学斌继续在技术创新和设备改进方面不断探索和实践,取得了众多令人瞩目的成就。他通过科技攻关、技术创新,累计解决生产难题 200 余项,其中有 50 项在厂和公司获奖,累计综合创效 3 亿元以上。

林学斌还创立了"三勤、三精、三准"点检理念和"清、紧、调、控"点检模式,使他所负责的区域连续 15 年实现影响生产责任事故为零。此外,他积极参与漏钢预报系统的引进、设计、施工、安装和调试工作,并通过多次改进,彻底避免了因粘结而引发的漏钢事故,10 多年来为该厂三分厂板坯连铸机累计创造经济效益 4000 多万元。

林学斌不仅在技术创新方面成绩斐然,还注重人才培养和团队建设。他成立了"林学斌技能大师工作站"和"林学斌创新工作室",带领团队开展技术攻关和创新活动,累计完成创新成果 300 余项,创效 1.5 亿元。他培养出的 10 余名徒弟,有的已经走上了管理岗位,有的成为技术骨干,为企业技术工人队伍的建设和发展做出了重要贡献。

林学斌凭借其卓越的技术能力和突出的贡献,获得了全国劳动模范、全国技术能手等多项荣誉称号,并享受政府特殊津贴。他的事迹充分展现了中国工人阶级的智慧和力量,也为中国制造业的发展树立了榜样。

6.2 大学创新创业案例:线上处理平台

本节出现的人名、地名、公司、品牌等均为化名。

1. 项目介绍

名称:线上废旧衣物综合处理平台。

人物:MO YHONG。

大学所学专业:工业工程。

创业项目:创建某品牌的废旧纺织品综合处理平台,打造可持续公益。

2. 项目起源

2013 年当时在读大三的 MO YHONG,他在课余时间里阅览了很多与互联网有关的书籍,研究了一些互联网创新创业项目。初生牛犊不怕虎的 MO YHONG 开始涉猎互联网领域,并于半年后基于微信公众平台创建了自己大学里最早的自媒体平台。这个集日常播报、查询成绩、热点推送等功能为一体的公众号仅用了几个月的时间就吸引了近 5000 名粉丝。这在当时那个飞信风靡校园的时期是一件不容易的事。紧接着他乘胜追击,完成了大学所在地的曹路镇三所高校的微信公众号的上线。大学期间的这些尝试让 MO YHONG 认识到除海报、传单等传统渠道,二维码和新媒体将成为未来主要的宣传推广媒介。

3. 寻找市场痛点

关注旧衣物这件事是从大四时开始的。MO YHONG 发现周围很多毕业生离校时不会将旧衣物带走,而是直接扔进了垃圾桶。从小勤俭节约的他就在想,会有人需要这些旧衣物吗? 是不是可以捐赠到贫困山区呢?

MO YHONG 在网上找到了一些捐赠地址,结果发现大多数的信息都已失效。通过更深入的了解之后,他发现往山区捐衣服的成本是相当高昂的,并且很多人都会忽略旧衣物清洗消毒这一重要环节。种种原因阻碍了居民个人往山区捐赠衣物。

但实际上,旧衣物是一种很好的可循环再利用资源。由于没有建立完善的回收利用渠道,大量的旧衣物最终的流向是被焚烧或者填埋,利用率极低。那么,有没有办法可以解决上述的这些问题和困境呢?

带着心中的疑惑,MO YHONG 毕业后首先进入了一家互联网公司工作,但旧衣物的回收问题一直萦绕在他的脑中挥之不去。偶然间,他结识了一个和他一样有创业热情的应届毕业生同事,于是两人对如何将旧衣物回收处理进行了深入交谈并一拍即合决定创业。

他们经过大量的调查发现:旧衣物除了去做慈善,有一部分可以出口到第三世界国家,还有一部分可以进行环保再生处理。靠出口和环保再生处理产生的收益也许可以平衡做公益产生的种种支出。于是两人创建了某废旧纺织品综合处理平台。

4. 事业的第一次滑铁卢

最开始做时 MO YHONG 尝试了旧衣换物、招募旧衣物暂存点、自建物流等多种方式,结果不仅收效甚微,很快就将投资人的 10 万元创业基金花完了。公司入不敷出,每况愈下。投资人走了,心灰意冷的小伙伴也走了……2015 年 10 月,成立了 10 个月的团队正式解散。

5. 遇见新转机

事业的第一次滑铁卢,让 MO YHONG 感到深深愧疚,觉得拖累了一帮志同道合的好兄弟。然而他没有放弃,想看看一个人还能坚持多久。

由于人力资源有限,他只能选择用快递这种第三方介入的方式去回收旧衣服。他找到了一家合作的快递公司并提出了两个要求:一是时效性,二是上门取件时要有良好的服务态度。

有了第三方的合作才让这件事情得以继续进行,但是问题也接踵而来。后来,MO YHONG 灵光一闪,想到了在自己母校读书时认识的一位师弟——校园快递站点的最早创始人 HO HANLIN。他对整个物流的运营模式和所有快递公司的价格体系与服务质量都非常了解。于是 MO YHONG 就去学校找到学弟,说服他加入了团队,开始一起探索。

专业人士的加入让之前碰到的物流问题都得到了有效解决。2016年初随着新伙伴的加入,新的团队再一次成立了。

他们开始利用微信平台进行运营。有需要的居民或单位可以在公众号进行预约,捐赠目的地既可以选择某平台的回收仓库,也可以根据公众号提供的捐赠地图,将衣物捐赠到有需要的贫困地区,整个过程都是由某平台来买单。

将衣物回收到平台仓库后,团队会告知居民每一次回收的旧衣物数量及真正去向(大多用于环保再生产品的生产),并给居民发放代金券,凭借这些代金券可以在该平台购买生活用品。

人们的环保意识逐渐开始觉醒,有的微信公众号对该平台进行了宣传报道,平台的用户量节节攀升。凭借信息公开、操作便捷等优势,用了一年多的时间,平台用户数量突破100万。更多的居民认识到了旧衣物的真正价值,让更多旧衣物流入了合理利用的渠道。

6.3　大学创新创业案例:技术引领创建公司

本节出现的人名、地名、公司、品牌等均为化名。

1. 项目介绍

人物:LE ZENYHONG。

大学所学专业:电气自动化。

创业项目:创立某科技有限公司,担任总经理。投资某科技有限公司,并担任总工程师。

2. 创业感想

LE ZENYHONG工作之后申请实用新型专利12项,他以"一专多能"的卓越学习精神为引领,在机械、电气、物联网三大领域深耕细作,不断挖掘并提升自我。

总结:处理好与小组成员和客户之间的关系。要逐步了解工作中的所有环节,做到不怕麻烦付出更多努力。经过长期性的积累并抓住自己的机遇。创业需要将眼光放远于整个市场,学会合理的商业规划是重中之重。

在校期间就做好准备。LE ZENYHONG在校期间就有创业计划,参与了学校长达两个月的创业培训,学习了人力资源管理和财务管理等方面的知识,并撰写了详细的商业计划书,涵盖市场分析、商业模式、营销策略等。创业需要考虑更多、更复杂的因素,在校期间的培训和学习为创业提供了必要的知识和技能储备。

现今的创业就业环境已经和过去不同了,要了解现在的创业和就业之间的关系和区别。在现如今的就业环境中,LE ZENYHONG认为打工相对于创业来说更加平稳,虽然打工没有创业那么自由,但可以享受相对稳定的就业。创业则面临相当大的风险,创业者需要明确自己的需要,紧跟时代的步伐,保持企业的可持续发展。

6.4　大学创新创业案例:文化交流类

本节出现的人名、地名、公司、品牌等均为化名。

1. 项目介绍

人物：SEN BEINIAO。

大学所学专业：机械设计。

创业项目：艺术文化交流活动组织、网络文化经营、电子出版物及广告制作、市场营销、企业形象策划、专业设计、旅游开发策划等多个领域。

2. 创业感想

在谈及创业之路时，SEN BEINIAO 强调沉淀与坚持的重要性。他认为机会青睐于有准备的人，创业充满挑战与挫折，需要足够的沉淀和坚韧不拔的精神。在探讨创业成功的关键因素时，SEN BEINIAO 分享了沟通能力、亲和力及好奇心的作用。他认为好奇心是创业成功的基础，驱动探索未知领域，实现突破。回顾成功之路，他表示每个时代都有独特机遇与挑战，他抓住了个人时代的机遇。对于未来创业者，他鼓励其相信自己并敏锐洞察机遇，果断行动。

在信息化时代，年轻学子易受信息干扰，陷入浮躁，SEN BEINIAO 建议坚定信念，专注构筑扎实知识基础，不被外界影响。此外，SEN BEINIAO 还分享了一则富有启示性的故事。他被问及是否建议学生赴韩国、日本留学，但该学生表示不愿学习韩语、日语，认为韩国、日本存在以中文授课的留学机构。对此，SEN BEINIAO 回应道："你出国是为了学习还是为了锦上添花？学习需要向谁学？显然是要向当地的教授学习。如果你不学习韩语、日语，假设现在有韩流明星或日本动漫大师站在你面前，你能与他进行交流吗？如果你不学习韩语、日语，你将无法与他对话，即使他就在你面前，对你也毫无意义。"

SEN BEINIAO 强调保持年轻心态和好奇心的重要性，认为这是个人成长和成功的关键。"只要你的灵魂没有长皱纹，你就永远年轻。"服务青年时，我们应保持青春、赤诚之心，与年轻人紧密联系，深入了解其需求和期望。这样，我们才能赢得信任和支持，提供更优质、贴心的服务及产品。

6.5　大学创新创业课程设计案例

1. 基本情况

二级教学单位工程训练与创新教育中心，在大学专业教育基础上，以提升大学生的创新创业素养与能力、社会责任感、创新精神、创业意识和创业能力为核心，探索"课程育人、实践育人、服务育人"的运行机制；以"工程实践"为着力点，设计开发"1＋1＋1＋X"创新创业课程模式，即"创业团队授课＋专业教师授课＋校外导师授课＋外教授课"。

2. 主要举措

1）实务化创业理论学习

（1）在教学内容上，课程覆盖创业角色定位、创业的基本概念、产品及营销知识等内容，帮助大学生能真正产生更有价值、更为合理的创业构思与想法。

（2）在教学策略上，不局限于课堂讲授、案例呈现等传统教学模式，融入实战讨论、模拟演练等强互动性教学方法，运用企业培训模式和道具来进行氛围营造。

（3）在教学形式上，为真实模拟创业情景，培养快速组建并融入团队的态度及能力，加入分组讨论、翻转课堂等参与式活动,增添课程的趣味性,活跃课堂氛围,提升学生学习积极性、主动性和有效性。

2)沉浸式模拟创业体验

商业路演赛,通过创业情景模拟,运动创业沙盘课程演练,帮助大学生在短时间内,用最少的成本,经历实际企业经营过程中可能会遇到的阻碍,建立企业经营者的全局意识和知识体系。

3)智囊库创业后续服务

对大学生的课程学习成果进行归档管理,项目可以继续孵化完善,并邀请校内外的专家导师进一步打磨,举办商业路演导师汇,为有意向创业的大学生团队进行跟踪指导与服务。

3. 建设成效

1)创新创业课程模块的"创新"

"1+1+1+X"创新创业课程模式,通过"创业团队授课＋专业教师授课＋校外导师授课＋外教授课"模式,以"从理论中学习创业知识、从实践中获得创业技巧,从辅导中提升创业能力"为教学核心理念,使大学生从校内校外、多维度获得创新创业理论与技能。

2)商业路演赛环节"以赛促教"

创新创业板块通过路演实训、计划书撰写培训和沙龙讨论等方式,为大学生创新创业的竞赛工作提供助力,提高了大学生创新创业竞赛参赛水平,通过教学相长来助力"以赛促建"和创新创业育人队伍专家化。

3)打造大学"本土化"创新创业教材

打造大学"本土化"创新创业课程教案讲义等。依托大学学校的办学特色和学生特点,编写适用与大学同类特色学校的教案讲义、课程 PPT 和练习手册,并且将"中国式现代化""航天精神""工匠精神""劳模精神"等融入教学内容。

课程的实践环节——商业项目路演赛如图 6-2 所示,校外导师创新创业课程讲座如图 6-3 所示,美国外教创新创业课程授课如图 6-4 所示。

图 6-2　课程的实践环节——商业项目路演赛

图 6-3　校外导师创新创业课程讲座

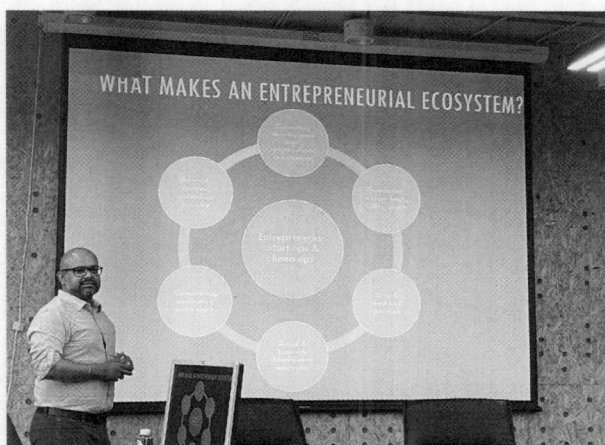

图 6-4　美国外教创新创业课程授课

参 考 文 献

[1] 教育部.新工科研究与实践项目指南[Z].北京:中华人民共和国教育部,2017.

[2] 沈萌红.TRIZ理论及机械创新实践[M].北京:机械工业出版社,2012.

[3] 刘江南,谌霖霖.创新思维与方法:基于TRIZ的理论与实践[M].长沙:湖南大学出版社,2019.

[4] 邱世卉,范玲俐,范钧.电工电子技术实验教程[M].重庆:重庆大学出版社,2019.

[5] 周永洪,黎辉雄.电工电子技术[M].北京:机械工业出版社,2021.

[6] 张秀娟.互换性与测量技术基础[M].北京:清华大学出版社,2013.

[7] 胡庆夕,张海光,何岚岚.现代工程训练基础实践教程[M].北京:机械工业出版社,2021.

[8] 陈智勇,李洲稷,黄晓婧.3D建模和3D打印技术[M].西安:西安电子科技大学出版社,2021.

[9] 赵卫东.机器学习[M].北京:人民邮电出版社,2018.

[10] 曾文权,王任之.生成式人工智能素养[M].北京:清华大学出版社,2024.